刘明明
——
著

刘明明
不设限的人生

重庆出版集团 重庆出版社

图书在版编目（CIP）数据

刘明明：不设限的人生 / 刘明明著. — 重庆：重庆出版社, 2023.1
ISBN 978-7-229-16959-6

Ⅰ.①刘… Ⅱ.①刘… Ⅲ.①刘明明—事迹 Ⅳ.①K825.38

中国版本图书馆CIP数据核字（2022）第112334号

刘明明：不设限的人生
LIU MINGMING : BU SHEXIAN DE RENSHENG

刘明明　著

出　品：华章同人
出版监制：徐宪江　秦　琥
责任编辑：朱　姝
特约编辑：王晓芹
营销编辑：史青苗　刘晓艳
责任印制：杨　宁　白　珂
特约策划：时尚奶奶团
装帧设计：刘沂鑫

重庆出版集团
重庆出版社　出版
（重庆市南岸区南滨路162号1幢）
北京盛通印刷股份有限公司　印刷
重庆出版集团图书发行有限公司　发行
邮购电话：010—85869375
全国新华书店经销

开本：880mm×1230mm　1/32　印张：8.625　字数：140千
2023年1月第1版　2023年1月第1次印刷
定价：58.00元

如有印装质量问题，请致电023—61520678

版权所有，侵权必究

不论你处于哪个年龄阶段

都不要被年龄束缚

那只是个数字而已

也不要给自己的人生设定各种各样的限制

没有谁规定什么年纪应该做什么样的事情

只要你热爱生命

心中怀有实现梦想的激情

找到自己热爱并愿意为之奋斗的事业

你的生活就会越来越美好

最终不负热爱

过成自己梦想中的样子

1 成长

三岁看大 /3

短暂的少年时光 /8

黑土地上的青春岁月 /12

辞职下海 /19

坐着火车去德国 /23

受人歧视的"二等公民" /25

在德国吃到的第一根香蕉 /29

出国后会更爱国 /31

尊重是自己争取来的 /38

2 家人

我的父亲、母亲 /45

妹妹和弟弟 /53

我的女儿 /56

伤病 /68

3 爱情

漂亮不是优点的年代 /83

"门不当户不对"的爱情 /85

小别离 /91

走出舒适圈 /95

他的语气变了 /97

38 岁的我也要出国留学 /100

两个国度，两个世界 /105

婚姻危机 /108

重新习惯对方 /112

4 职场

上山下乡　/121

创新、开拓是我的强项　/124

不想做"二等公民"　/126

43 岁，从德国到云南的建水县　/129

诚信永远是最重要的　/139

谁付我工资并不重要　/144

宁可死磕，也不走捷径　/147

放弃原则讲和？NO！　/150

福伊特的橄榄枝　/155

敢于争取正职　/160

48 岁出任首席代表，称职才能服众　/167

你是真正的女强人　/174

与顶头上司的正面冲突　/180

52 岁，出任中国区总裁　/183

内审？没问题！　/190

逆向思维，58 岁出任亚洲区总裁　/194

女性领导力　/199

64 岁，走出舒适区，接受新的挑战　/206

70 岁开启人生的新赛道　/217

职场女性如何向前一步　/229

人生不设限，满怀激情地拥抱下一个 70 年　/235

1

"标新立异"这个词成为我这一生的重要注脚,后来有很多人都这样说过我。

成

长

刘明明幼年

三岁看大

20世纪50年代初,我出生在北京。长大一些后,我才知道母亲是在《中国青年报》报社工作,父亲则在中国共产主义青年团中央团校当干部。当时我们一家人住在团中央机关大院的宿舍里,周一到周六我都在供给制的幼儿园里上学,周末才能回家,平日幼儿园负责我全部的吃、穿、用、住,家里基本不用操心。

当时,机关给我父母分的宿舍只有一间屋子,屋里只能放一张大的双人床。周末,父母把我接回家以后,我们一家四口(爸爸、妈妈、我和妹妹)就挤在一张床上,我和我妹妹睡一头,爸妈睡在另一头,有时候我妹妹一蹬腿就把妈妈蹬醒了,或者爸爸一伸腿又把我弄醒了,这样的场景让我印象特别深刻。

我从小就很爱美。三岁的时候,爸爸妈妈给我买了一双漂亮的红色小皮鞋。我特别喜欢那双鞋子,觉得自己穿上后很漂亮,一直不愿意脱下来,就连睡觉的时候也要穿着。直到周一要去幼儿园了,我才不情愿地把鞋脱下来。在幼儿园里,我经常一个人在小花园里钻来钻去地玩耍,因为我发现,春天的时候,把那些红色、粉色的小花摘下来,捏一捏、揉一揉,把花朵的汁液涂在指甲上,指甲就会变成淡淡的粉红色,漂亮极了。我偶然发现了这个秘密后,就经常悄悄地躲在小花园里给自己"做美甲"。

刘明明上幼儿园时期,爱美的她穿着小裙子和红色小皮鞋

我打小就有股倔劲儿。四五岁的时候,在一个周末,爸爸妈妈带着我们去附近的王府井玩儿。在去的路上,我好像

犯了个什么错误,妈妈批评我了,我很不服气,就举起左手对她说:"再说我就打你了!"我爸爸训斥我,说不可以打妈妈。我举起的手没敢真的打下去,但我犯倔、不服输,就一直举着手不放下,回到家里,我也坚持只用一只手吃饭,举着另一只手,直到睡着了这只手才放下来。长大后,我爸爸拿这件事打趣我,说我从小就很倔强。

我小时候也很淘气。还记得在幼儿园里,我不爱喝牛奶,每天一到喝牛奶的时候,老师就找不着我,因为我钻到床底下躲起来了。我还有很多其他淘气的事情也让老师很是头疼。那时候,幼儿园的老师会定期与家长谈话,其中一个老师对我的评价是:"标新立异"。对我父亲来说这个词很新奇,他特意回家查了字典。而"标新立异"成为我这一生的重要注脚,后来有很多人都这样说过我。

我上小学时,我家搬到了郊区,我们住的大院里有一个果园,里面种着桃树、苹果树等。那会儿,大院里男孩多女孩少,男孩们觉得我为人大方,都愿意跟我一起玩,我是院子里的孩子王。

还没等果园的果子熟透,我就带着他们去偷摘,前两次都没被人发现。后来大人们注意到树上的果子少了,看园子的人便警惕起来。第三次我们再去时,很快就被人发现了,我们撒欢儿地跑,我跑得快,没被逮住。其中一个个头比较小的男孩被抓住了,被人训斥了几句便开始大哭起来,于是我返回去承担责任,说:"是我带头干的,你别骂他了。"

当时,我父亲担任中央团校的副校长,每年年底中央团校的教职工会给校领导提意见。有一次,父亲回家后特别生气,二话没说就把我揍了一顿。我当时不知道自己因为什么而挨打,只知道哭,还嘴硬不承认自己犯错了。后来听说,那年团校的教职工给他提的20条意见里有17条都是因我而起,他们说我整天带着一帮孩子在院子里四处淘气,偷摘果子,还翻墙去泳池里游泳。

还有一次,父亲的一个朋友给家里送了两盒从国外带回来的奶糖,我们高兴极了,父亲给我们一人分了两块,其余的被收起来放在了柜子的最顶层。我看到之后默默记下了,和院里的孩子们玩过家家时,我偷偷地爬到柜子上偷几块糖,给小伙伴们分着吃。过了一两个月,家里来客人,父亲拿出奶糖准备招待客人,发现两大盒奶糖只剩一点了,父亲一猜就知道是我干的,又把我揍了一顿,我假模假样地大哭,其实父亲没怎么用劲儿,随便打了几下就把我放开了。院里的小伙伴们都知道我是因为偷奶糖挨打了,我一出去,他们纷纷围过来安慰我,还给我送好吃的。

我工作后,尤其是进入造纸业之后,遇到的客户、同事、合作方等都以男性居多。可能得益于我从小就与男孩相处得比较多,性格大大咧咧的,不拘小节,所以一直以来,与男性打交道时沟通都比较顺畅。在这个男性主导的行业里工作,我也算游刃有余,在人际交往上从没遇到过太多的麻烦和困扰。

短暂的少年时光

我上小学三年级的时候，母亲还在《中国青年报》报社工作，父亲任中央团校副校长兼哲学教研室主任，我们的家搬到了中央团校在海淀区新建的校园里。当时的海淀区还没有发展起来，属于比较偏远的西郊地区，我家也因此分到了一个面积比较大的三居室公寓，条件比以前好多了。父亲是独子，他把我的爷爷奶奶从山东青岛的老家接过来和我们一起生活。爷爷奶奶住一个房间，爸爸妈妈住一个房间，我和妹妹住一个房间（当时我的弟弟还没有出生），我们一家人就在这里开始了新的生活。

那时，妈妈的工作单位离得远，她周末才能回家，平时主要是爷爷奶奶照顾我们。爷爷喜欢喝酒，六十几岁因为肝硬化去世了。奶奶活到了96岁，所以我们小时候主要是和奶奶一起生活。那时候吃饭、穿衣需要粮票和布票，我个子长得快，家里布票紧张，不能经常买布给我做新衣服，于是，奶奶就用新布拼接在穿旧了的裤子、裙子上，给我做成合身的新衣服。我觉得奶奶很了不起，她这样一个裹着小脚的老太太，每天给我们做饭、收拾家务，把一家人都照顾得很好。

关于奶奶，有一件事情留给我的印象特别深。当年她从老家到北京和我们一起生活时，已经60岁了，她原本是个文盲，来到北京后，为了给老家的亲戚朋友们写信，开始学习认字，每天一点点地学，认字、写字，虽然很艰难，但她始终没放弃，经常问我和妹妹这个字怎么读、那个字怎么写。最后，她能完整地写一封信了，还能阅读一些简单的书籍和报纸。我在奶奶身上学到了很多，有一点让我受益至今，那就是，如果你想做成一件事情，什么时候开始都不晚，但是一定要开始行动，并坚持不懈。

后来，弟弟出生了，我们从姐妹二人变成了姐弟三人，妹妹比我小2岁，弟弟比我小9岁。我们都在中央团校附近读的小学。与妹妹和弟弟相比，我当时很贪玩，所以学习成绩很一般。他俩都非常优秀，在学校学习成绩很好，当过中队长、大队长、中队主席等，这些我都没当过。但是，我的体育和文艺成绩都不错，人缘也好，很多同学都愿意跟我一起玩。于是，上小学六年级时，老师让我当了小队长。我的美术也学得很好，能轻松地完成每一次的美术作业，每次美术课我都能得 5 分[1]。平日里，我喜欢在手绢上画小蝴蝶、小花朵，美术老师觉得我对色彩比较敏感，很擅长搭配颜色，她到我家进行家访的时候，还建议我妈妈培养我学习艺术，以后可以当个艺术家。

我小学时成绩一般，只考上了第二志愿——北京市第十九中学，学校离家不太远。从初中开始，我对外语很感兴趣，其他学科的成绩仍旧一般，每次都是到了考试前临时突击一下，只求及格。我记得有个老师说："刘明明脑子比较'灵'，但是不够努力，太贪玩了。"学外语是要下苦功夫的，当时我们学的是俄语，一开始，我觉得俄语很有趣，学得也很快，成绩在班里是数一数二的，老师和同学们都很吃惊。一个学期后，开始学习比较复杂的语法，很多东西要靠死记硬背，我不喜欢这种学习方法，很快就对俄语丧失了兴趣。

我个子高，又好动，体育是我比较擅长的科目，长跑、短跑、跳高、跳远、体操、篮球……这些项目我都很有优势，也很喜欢。那会儿，学校里很多运动队的老师都认为我有运动天赋，找我去参加各个队的比赛。后来我加入了乒乓球队，我学得很快，但仍然只是凭兴趣玩一玩，如果真的要去参加专业比赛并且拿到好成绩，是一定要刻苦训练的。我玩心大、

---

[1] 1952 年后，中国曾实行"五级分制计分法"来评定学生的成绩，把成绩分为 5 分、4 分、3 分、2 分、1 分，分别对应优、良、中、及格、不及格。

爱好广泛，不太能专注于某个项目，所以我的乒乓球水平也没达到能参加重要比赛的标准。我还加入了学校的文艺队，以唱歌为主，我领唱，有时候也会独唱，参加班级、年级和学校的演出活动。那时候，我把时间和精力都放在各种文艺、体育活动上了，几乎没有心思认真学习。

现在回想起来，不论是小学时期还是中学时期，我都不是传统意义上的好学生。我的学习成绩一般，整天就知道参加各种新鲜好玩的活动。那时候的物质生活也不像现在这么富足，但我没觉得缺少什么。而且，当时也没有名目繁多的各种补习班，学习压力很小，这让我很幸运地拥有了快乐简单、无忧无虑的童年、少年时期，但快乐的时光永远那么短暂。

我上初二时，"文革"不期而至，我的家庭因此发生了天翻地覆的变化。因为父母此前都是干部，就被划成了"走资派"，还被关进牛棚进行劳动改造。我和妹妹、弟弟在学校里也经常被人欺负，我们一家人都被周围的人唾骂。作为家里孩子中的老大，几乎在一夜之间，我突然就长大了，我要学会自己判断一些事情了，还要保护家里的奶奶、妹妹和弟弟，不让他们被人欺负。

黑土地上的青春岁月

我 15 岁那年,学校动员我们上山下乡。之后,我去了内蒙古插队,妹妹去了兵团,也是从那时候起,我意识到了自己肩上的责任。

临走时,我被允许去看一看爸爸。他当时在北京郊区一个很远的农场干活,见到他后,我告诉他,我要去内蒙古插队了,爸爸的眼圈一下子就红了,但他没多说什么,只是嘱咐我要照顾好自己,那是我头一回看见爸爸的眼圈红了。

看过爸爸后,我骑着自行车回家了,也不知道骑了多少公里,经过一个特别偏僻的农场时,我突然间感觉非常难过,一屁股坐到地上开始号啕大哭,当时我也不知道自己在哭什么。哭完之后,我才意识到,我要离开北京了,要和过去熟悉的一切告别,今后要自己一个人生活了。我的心里顿时五味杂陈、十分忐忑,不知道前方等着我的将是什么。不过,我也没有害怕,回到家就开始收拾东西,几天后便跟着学校的同学一起出发去了内蒙古。

我们一行上山下乡的年轻学生坐着火车先到了内蒙古兴安盟突泉县的县城，然后被分成多个小组，再坐马车到公社，接着又被马车接到村里的生产大队。就这样，我开始了在内蒙古农村的插队生活。农村与城市完全不同，但对一个15岁的女孩来说，新的环境并没有多么可怕，也许这就是年轻，无知无畏。

包括我在内，一共有11个女孩被分到了一个集体户，公社待我们很不错，让生产队腾出了一间农房给我们住，还派了一个姓韩的老师傅给我们做饭。那间房子是土制的，窗户是用纸糊的，手指上沾一点水戳一下，窗户就漏了，屋里还有个大土炕。刚到那儿的时候，一看到这样的环境，大家都哭了，就像被传染似的，一个人开始哭，其他人也跟着哭。但我记得很清楚，我当时没顾得上哭，对新环境感到很新鲜，只顾着看土炕如何加热、烧柴锅该怎么用……而且，我也知道哭鼻子解决不了问题，得学着适应新的环境。我们所在的生产队离白城子[1]不远，那里冬天很冷，所以春、夏、秋三

---

[1] 白城子，今吉林省白城市，位于吉林省西北部。因该地旧有城基，城墙均以白土墁之，因此内蒙古人称其为"白城子"。1949年划归黑龙江省；1950年改名白城县；1954年划归吉林省；1958年置白城市(县级)；1993年白城市升为地级市，至今。

季都要抓紧时间干活，冬天则宅在屋子里猫冬[1]。

一开始，公社给我们分配的活不是很重，当地的人很朴实，村里的老乡对我们这些从大城市来的女学生也很好。当时，我看起来细胳膊细腿的，但个子高，动手能力强，各种农活都学得很快，出勤率也高，干起活来一点儿不落当地人后，跟老乡们也相处得很好，所以队长经常表扬我。可能是这个原因，渐渐地，我在全是女孩的集体户中被孤立了，用现在的话说，我遭遇了冷暴力，集体户中的其他女孩开始排挤我。连睡觉的炕头，我都被排在最靠边的位置，冬天的时候那里是最冷的，不过好在我当时年轻，身体没受到太大的影响。因为在集体户中被她们排挤，我也就更喜欢出去干活了，不愿意在屋子里待着。每次出去我都很高兴，和老乡们也相处得很好，还跟他们学习了很多技能，就是在那时，我学会了踩缝纫机、做衣服。

插队的三年里，我踏踏实实地干活，每年都能拿到一等工分，到年底还能分到钱。每年拿到钱后，我就把钱缝到棉袄里面，先坐马车到县城，再从县城坐火车回到北京的家里。那时候我爸爸已经不在农场里干活了，而是重新回到了机关里工作，我们一家人又可以团聚了。记得第一年回家，我把

---

[1] 猫冬，躲在家里过冬，也可泛指宅在家里不出门。

刘明明（左三）在农村插队

一沓钱从棉袄里拿出来的时候，我爸爸都傻眼了。他问我哪来的这么多钱，我说这是我干活挣的工分，在农村没地方花，带回北京贴补家用。

在农村插队期间，我被选为生产队的妇女队长，后来又被提拔成公社的妇联副主任，还参加了工作组，一起到其他公社去传授经验。公社让我提前写好了入党申请书，于是我刚满18岁就被批准光荣地加入中国共产党了。那时，我在工作组主要的工作是到各个生产队去宣传县里和公社的各种政策，同时帮扶贫困户。

从那时候起，我学会了和人沟通、分析问题，以及组织开会。之前在学校时,我更喜欢各种文艺活动和体育、美术等学科,很难静下心来看书学习,而到农村插队后,看到朴实的农民对我们这些从大城市来的知识青年的尊重和善待,羡慕我们有机会上学,我意识到学习机会的珍贵,开始主动学习。尤其是当了公社妇联副主任和工作组组长后,我更加意识到自己需要学习了,于是抓紧时间学习各种政策,还读了很多世界名著,包括当时被禁的《战争与和平》《红与黑》等。这些作品让我受到强烈的震撼,因为它们不只是在讲故事,更反映了作者的想法、观念和精神世界。阅读名著让我收获了精神和心灵上的进步与成长。

刘明明(前排左四)在县里的工作组工作期间,到一家工厂宣传政策后合影留念

1973年，我22岁。国家开始选拔工农兵学员去上学，选拔的规则是："文革"前读到高中的知青有机会上大学，上到初中的则有机会上中专。于是我被推选到了长春的电力学校。这所学校的学制是两年半，我读的是仪表电器专业。由于我有在农村锻炼的经历，还是共产党员，于是就被安排当了班长，并担任了党小组的组长，最后还被选为学生会主席，在学校算是一个比较活跃的人物。有了上山下乡的经历，我更加意识到学习的重要性，也感受到学习机会的来之不易。虽然我之前的学习底子比较差，在化学、自然等学科上需要花费更多的工夫，不过在我的坚持和努力下，也都取得了比较理想的成绩。同时，我继续发挥自己的强项，参加跳高、跳远、跑步等体育比赛，为班里拿了不少奖状。当时的同学来自全国各地，以东北人居多，北京人比较少。

在电力学校的两年，我过得非常愉快，和班里的同学相处得很好，唯独和一个女生的关系有点紧张。我起初并不清楚是什么原因，后来别人告诉我，可能是我无意中把她得罪了。我的性格比较大条，说话做事也直来直去的，不太注重一些细枝末节，而有些女孩子比较细致、敏感，所以可能是我不经意间把她得罪了，自己却不知道。

从电力学校毕业后，我被分配到东北热电厂的仪表车间工作，很快就成了车间里的业务骨干，且一干就是三年。我每天主要的工作就是到工厂的生产第一线去检测仪表运行是否准确，如果不正常，就要回到车间里对仪表进行校对。因为我工作踏实，也有一定的组织能力，工作半年以后，我被提拔为车间副主任，也是厂里的重点培养对象。这些都得益于我在农村和在电力学校当干部时的经历，那时经常要开会发言、组织大家开展活动，让我的表达能力和组织能力都得到了很好的锻炼。

在东北热电厂工作的三年中，我每年都可以回北京探亲。工作之余我还参加了厂里成立的篮球队，时常组织一些篮球比赛，也开展了一些其他文体活动。总体来说，这个时期的我过得很愉快。

辞职下海

后来，我的父母都平反了，父亲被分到农业部做党校校长，母亲继续回到《中国青年报》报社工作，担任副总编。我27岁那年，申请调回了北京。

从15岁到27岁，我经历了很多，得到了历练，也获得了成长，那是一段非常值得怀念的时光。回到北京后，我在中国农业电影制片厂做行政工作，主要就是对文件和资料进行分发、整理、归档，做会议纪要、后勤保障等，相对轻松。

28岁那年，我结婚了；30岁时，女儿出生。在这期间我先生在我工作单位对面的北京工业学院[1]读书。之后的一段时间里，我主要的精力都放在了自己的小家庭里。工作一段时间后，我从行政部调到会计部，开始接触电脑，单位派我去计算机软件学院脱产学习了两年，学的是计算机软件管

---

[1] 北京工业学院，是中国共产党创办的第一所理工科大学，是首批颁布的16所全国重点大学之一，1988年，更名为北京理工大学。

理和经营管理专业。

学习完回到单位后,不到一年,我就主动辞职了,因为那份工作对我来说没有挑战性,虽然比较轻松,但是我学不到太多的新东西,而且我天生性格开朗、爱说、爱笑又爱美,喜欢打扮,可当时工作的单位要求党员和干部子弟必须朴素、低调、踏实,这对我来说有些拘束。辞职后,我毅然下海打算去干一番事业。

当时,我听说海淀区有个电子一条街,非常火热,我就

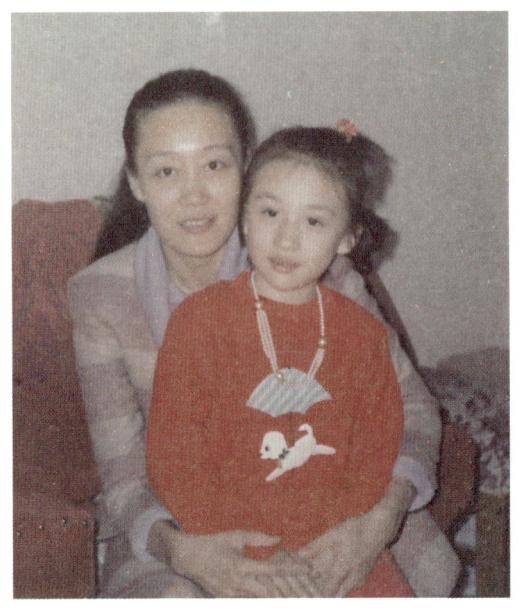

刘明明在电子一条街工作期间与女儿的合影,她女儿身上的衣服是她手工制作的

去转了转，看到很多年轻人在店铺里咨询电脑和打印机等设备的使用，特别好奇。当时最大的一家店叫四通，他们正好在招聘电脑和打印机的销售员，于是我立马就去应聘了，那时的我快35岁了。他们告诉我，公司只招聘30岁以下的年轻女性，我的年龄太大了，不符合要求。我想了想，并没有放弃，因为这家店的规模大，当时有较高的知名度。35岁就算年龄大了吗？我不认同。年龄大有年龄大的优势，而且我的工作经验丰富，对自己的能力很有信心。于是我找到了他们负责招聘的女主管，她的回复也是一样的，说我的年龄超出他们的招聘范围了，不符合要求。我就问她："你们招聘的目的是什么？"很显然，是为了销售电脑和打印机，那么其实我很符合要求：第一，我学过计算机软件管理相关的知识，专业对口；第二，我的经历丰富，我当过农民、工人、办公室白领，购买电脑和打印机的客户肯定是来自各行各业的，而我知道针对不同职业的人应该怎么给他们介绍产品，这是我的优势。我说这些话的时候，他们公司的一个领导正巧路过，他听见我的话之后，就让我去他的办公室跟我谈了一会儿，然后让负责招聘的女主管安排我入职了。

可能还是因为我的年龄偏大，入职后，我被安排做后台服务。我在这个岗位上干了近一年，但我还是更想做一线的销售工作，我喜欢接触不同的人，希望面对更多的挑战，于是跳槽到了另一家公司。新公司虽然规模小了一点，但发展潜力很大。之后我如愿做了一名销售经理，而且很快签下了几个大订单。公司总经理很认可我，让我负责组织了几次客户座谈会，介绍我们的产品。通过这几次活动，总经理觉得我不仅销售能力强，组织能力也不错，于是把我提拔为办公室主任，我也就开始负责更多的事务，包括一线销售和后台管理。

那时的我，依然爱美，很注重穿衣打扮。我的很多衣服都是自己做的，或是用旧衣服改的，款式时髦亮眼，与众不同。在当时年轻人聚集的电子一条街上，三十五六岁的我打开了事业的新局面。那几年里，我把女儿放在奶奶家，全身心扑在工作上，只有周末才能和女儿见一面。我当时所在的那家公司实力很强，我工作很努力，收入也不错，很快就还清了先生出国时借的债。

我本以为能一直这样安稳度日，没想到38岁那年，生活的变动又一次猝不及防地到来。

坐着火车去德国

38岁那年，我去了德国留学，当时，我的弟弟、弟妹已经去德国3年了。弟弟没有经历过上山下乡，所以他的学业没有被耽误，后来在中国人民大学读了新闻系的研究生。他的成绩一直很不错，研究生毕业后，又自费去德国继续深造。弟弟在那边建立了一些关系，加上当时德国学校的一些专业很先进，家里就鼓励我也去留学，但那时候我先生刚好研究生毕业，他也想继续深造，由于两个人同时自费出国的负担太重，我跟家里商量之后决定让先生先去德国留学，我随后再去。也正是先生去德国留学那年，我从中国农业电影制片厂辞职下海，到了电子一条街的电脑公司工作，工资从一开始的三十几元人民币，涨到了每个月上千元，那时候1000元已经是很高的收入了。我靠这份收入，把先生出国前借的钱都还清了，还存了一笔钱。

后来，我弟弟回国休假，小心翼翼地告诉我，我先生在国外有情况了。这时，我才突然意识到，我不能在家被动地等待，我也得出国去学习，去看看外面的世界，否则我和他的差距会越来越大，最终的结果可想而知。于是我下定决心，把电脑公司的工作辞掉，去了一个临时的德语培训班，学习了两个多月的德语后，我就出发去德国了。由于辞了工作没有收入，加上学习德语、办理出国手续等，花了不少钱，所以我选择坐火车去德国，花 60 美金买了一张卧铺票，从北京出发，到莫斯科转一次车，一共用了 7 天才到柏林。

我搭火车一路上要经过蒙古、苏联、波兰等国家，要办理好几个过境签证，我一个人拿着签证，拎着两个大箱子上了火车。有经验的朋友事先告诉我，我搭乘的这趟是苏联的火车，当时苏联缺乏基础物资，人们拿着钱却买不到多少日用品，车厢餐厅里的饭菜也不太好吃，但沿途会有当地人用卢布同车上的人交换日常用品，所以我没有兑换太多的卢布，而是从北京买了一些日用品随身带着，我记得有暖水瓶、二锅头、丝袜等。火车到了苏联境内，每到一个站，就会有很多人在火车外伸手拿卢布跟我们换东西。有了卢布，我就可以在餐车上好好地享用苏联本地的美食了，比如鱼子酱等。

受人歧视的"二等公民"

到柏林后,我先生开着一辆很旧的"尼桑"来接我。开了6个多小时的车,才到他当时生活的城市,也是我后来念书的地方——卡塞尔(Kassel)。一开始,我们住在一个德国老太太安娜家里,得和她共用厨房。

我先生当时在大学里读博士,同时帮教授做一些项目,有一些补贴。我们的房租不算高,而且在德国不需要交学费,只需付书本费,所以我们的经济压力并不是很大,即使我不出去工作也没有太大的负担,但我的压力来自心理,我意识到,谁也靠不住,只能靠自己,想要什么样的生活得自己去争取。如果我先生发展得很好,而我却没有成长,那两个人的差距会越来越大,况且我也不是那种甘心待在家里闲着,或者随便混日子的人。尤其是出国前在电脑公司的那段工作经历,让我对自己的能力有了新的认识,我知道自己可以做更多的事情。于是,我先在学校注册,开始学习德语和其他一些科目,然后又考了驾照。为了更好地学习语言、了解德国，我需要尽快找一份工作。

当时在德国，中国人的地位很低，在很多德国人的眼里，中国人简直是"二等公民"，他们普遍认为中国非常穷，中国人到德国去就是为了待在那儿享受德国的福利，这些偏见对我的冲击很大，我真切地感受到了人在异国他乡的辛酸和不易。

刘明明（左四）与德语班的同学们参加老师组织的聚会

后来发生了一件事，我到现在都记忆犹新。有一天下大雪，我穿了一件焦糖色的亮面羽绒大衣，是我出国前特地买了带到德国的，房东老太太安娜看见之后，就拽着我的衣服质问，这是从哪儿来的。她的语气和眼神就像认定这件衣服是我从什么地方偷的。当时，德国的超市或者服装店都没有安装防盗的警报装置，顾客进去可以随便试穿，所以她就认为我的衣服是从商店里偷的。我说这是我在中国买的，她始终不信且不依不饶。她认为中国很穷，也不相信中国能生产这么时髦、质量又好的衣服。最后，我翻开衣服里侧给她看上面印有中国字样的标签，她才不说话了。她的无端指责和轻视都让我非常生气，同时我也意识到，一定要抓紧时间学习，尽快工作，改变现状，做个有尊严、有志气的人，搬出这个老太太的家，不能让她瞧不起。

刘明明与卡塞尔大学的朋友在圣诞集市

不过，在安娜家住的那段时间，我也学到了不少东西。可能是因为一个人比较孤单，老太太有时候会在晚上喝点酒，我就会帮着她做些家务，比如打扫卫生或者做饭。那时候，德国人的厨房系统已经很先进了，我第一次在那里看到了洗碗机、微波炉、烤箱之类的家用电器。一开始，我每次吃完饭后只是把碗放进洗碗机就走了，不会把厨房收拾得特别干净，但是，德国人对厨房非常在意，他们觉得那里是一个家庭的脸面，必须打扫得干干净净。因为这件事，安娜还跟我和我先生严肃地谈过几次，告诉我们做完饭之后要及时擦洗灶台，不能有任何遗漏，还给我演示怎么把灶台的边边角角都擦干净。后来我就按着她的要求干净利落地收拾厨房，再也没有给她挑我毛病的机会。这些好的生活方式和习惯一直延续至今，直到现在，我的清洁习惯都特别好，做家务时很细致，也注重生活品质。

在德国吃到的第一根香蕉

在安娜家住了一年多之后,我们搬到了另一个德国人家里住。离开的时候,安娜还流眼泪了,问我们是不是嫌弃她哪里做得不好,我说我们想住得离学校近一些,但其实我很在意她怀疑我偷羽绒大衣那件事情。而且,我能感觉到,她从心眼儿里就瞧不起中国人。其实,我们当时完全可以自己租房住,但为了学习德语,更全面地了解德国人的生活方式,我们还是选择和当地人住在一起。

后来的这家德国人很好,男主人是一家大企业的高管,经常去国外出差,也去过很多亚洲国家,可谓见多识广,对中国留学生很友好,经常在家里招待中国人。他的观念比较开放,家庭环境也比较平等,对我们没有歧视,这对我们来说很重要。

又过了一年多,我们把女儿也接过来了,一家人租了一个离学校很近的两室一厅的小公寓。之前我和先生吃东西都很简单,能做到基本的温饱就行,女儿来了以后,为了保证她的营养均衡,我才开始买水果。我到德国后的第三年,才第一次走进德国的水果店,只买了一些比较便宜的香蕉,那是我在德国吃到的第一根香蕉。

刘明明的女儿刚到德国与父母团聚的第三天,她与刘明明高兴地在草坪上玩耍

出国后会更爱国

女儿来德国之后，我们就不能只靠先生在大学里做项目的补贴过日子了，我也要出去打工以贴补家用，而且要想了解社会，光在学校里待着是不行的，于是我去了美居酒店（Macure Hotel）当服务生。

当时，德国的学校要求，学生在读期间每个月的工作时间不能超过 40 个小时，所以我只能去厨房做收盘子、洗碗、送餐之类的零工。和我一起工作的还有三个女孩，有两个是德国人，还有一个是匈牙利人。我们一起上早班，从早上 6 点开始，一直工作到下午 2 点。一般来说，来餐厅做收盘子、洗碗这类工作的德国年轻人，大多是没受过高等教育的。几个人中，只有我一个亚洲人，还是个学生，而且我只在周末去工作，和她们相处的时间不多。我能明显地感觉到，她们很排斥我。那个时候我还要考试，于是我只能一边工作一边背单词。她们不学习，也很反感我背单词，认为我不过是个服务员，学习有什么用呢？我能感受到她们的歧视和不友好。

有一次，其中一个长得很漂亮、各方面也比较突出的女孩突然对我发难。她应该负责擦洗酒店旋转门的玻璃，但她不愿意干，于是就凶巴巴地对我嚷嚷，让我去擦旋转门的玻璃，那天客人比较少，餐厅的活也不多，我就过去擦了，正好被经理看到，经理就批评了她。从那之后她对我更不友好了。

第二个周末，我再去上班的时候，那个女孩就开始找我茬。我当时要考驾照，有很多单词要背，我就把单词贴在厨房的大冰箱门上，等客人都走了之后，我一边收拾厨房，一边背单词。那女孩突然进来，先气冲冲地拽了一下我的衣服，接着就问我在干什么，她看到我贴的单词表之后，一把就给扯下来撕了。我当时就跟她急了，她对我的种种不尊重让我非常气愤，之后，我俩就吵了起来，经理听见后就进来了解情况，让我们不要吵了。等我下一个周末再去上班时，经理把我安排去打扫客房了，这次跟我一组的是一个波兰女孩，她很友好，看出我不是很擅长做清洁工作，于是手把手地教我打扫卫生间、换床单被罩等，还向我了解中国的情况，我们相处得很愉快。在这家酒店打工的经历，让我清楚地明白，人和人是不一样的，同一个阶层的人素质也千差万别。要想赢得别人的尊重，首先要学会尊重别人。

后来，我在当地小报上看到一家德国餐厅为了接待旅游团要招聘临时工，我就去面试并且成功应聘了。我学习德语比较快，也喜欢主动跟人交流，而且我手脚麻利，算账也很快。德国人结账的方式有点复杂，他们的习惯是，几个人聚餐时实行AA制，但不是按总费用平摊，而是每个人按自己点的餐食和酒水来结账，通常来说，每个人点的餐都不一样，所以付款金额也不一样，还要加上小费，比较复杂。而且，也没有计算器，只能用笔和纸记下来后计算。跟我一起工作的几个德国女孩结账都比较慢，有时还会出错，经常被客人催促、抱怨。客人着急的时候，我就过去帮她们结账，一来二去，客人们都愿意找我，因为我上菜和结账都快，所以我收到的小费就比较多。

这些都被老板娘看在眼里，但她并没有因此更喜欢我，反而对我很不友好，每天工作结束给我们结账的时候，她会强行克扣我的小费，有一天我的小费至少有100多马克，但她只给我留了30马克。我觉得她太欺负人，也不尊重我的劳动。第二天，餐厅的老板打电话让我继续过去干活，我拒绝了。我宁可不挣这份钱，也不能任由他们欺负、剥削。

之后，通过一个德国同学的介绍，我还去过一家电脑公司工作，专门负责计算机辅助设计（CAD）制图。这家公司的氛围与我之前打工的酒店或餐厅都很不一样，公司的人非常友好，遇到我不懂的地方，他们会主动教我，我也没遭遇过歧视或者不尊重。那是一段非常愉快的工作经历，我还交了几个不错的朋友。

另外，德国每年举办的一些展览会，都需要招聘大学生做兼职，我也去几个展览会上工作过，学到了一些历史和艺术方面的知识，也能接触不同国家的人。从那时起我开始了英语的学习。

刘明明与德国朋友在卡塞尔大学附近，抓住机会学习德语

总之，这几段打工的经历让我收获了很多，通过打工接触了德国不同的环境和不同层次的人。我真切地感受到，不同阶层的人有不同的喜怒哀乐、兴趣、教养等，人与人之间差别很大，不能对某一个群体一概而论或者抱有某种刻板印象，这是不客观的。

在打工的同时，我也抓紧时间学习。我一开始在德语进修班学了6个月的德语，之后通过了TestDaF考试[1]才注册成为正式大学生。当时在德国念书的中国人不太多，中国留学生更倾向于去英美国家，因为对中国人来说，学习德语是一个不小的挑战。我所在的班级里中国人相对还算多，整体学习氛围非常好。我们学校的规定是，如果要选择一个专业，需要考约40门科目，但是你可以自己决定这个学期考几门课、下个学期考几门课，只要在规定时间内把所有科目考完，就可以毕业了，也可以选择听哪个老师的课。我很喜欢这种自由选课的学习方式和学习氛围，对我来说很新鲜。中国留学生一般都比较努力刻苦，因而学习成绩通常都很优秀，但性格相对内向、很守规矩、处事谨慎，所以中国留学生在德国的口碑大都很好。但在学校以外就不同了，当时的德国社会对中国完全不了解，德国人普遍认为中国比较贫穷，他们担心中国人到了德国就不愿意回去，而是留下来享受德国的高福利待遇，抢占工作岗位，加剧他们的社会竞争，包括我后来交的一些德国朋友，也有这样的想法，虽然交往中都很客气、友好，但也总会问我们是不是要在德国待着不回中国了。

1　TestDaF考试，也被称作"德福"考试，是德语语言考试，对象是以赴德留学为目的的外国学习德语者或一般想证明自己德语语言水平的人。

刘明明（前排左二）与同学在德语班，班里有不少中国人

20世纪80年代在德国的经历让我有一个很深的体会，那就是，人在出国后会更加爱自己的祖国。德国人有一种优越感，他们从心里瞧不起中国人，如果我们变得优秀，他们会嫉妒、害怕，进而排挤我们，觉得我们抢了他们的位置；如果我们不够优秀，他们就更加瞧不起我们，觉得我们什么事都做不成。

不过，我始终很清楚，我到德国是为了学习知识、增长见识，同时了解这个国家的文化。对我来说人人平等，国与国之间也是平等的，没有必要用傲慢的姿态轻视别人。另外，我也更加深切地感受到，作为身在异乡的中国人，我们要活得有骨气，要发奋自强，要活得精彩，这样，不管身处何地都能有自己的底气。所以，那段时间，我不管是学习还是打工，都非常努力。但是，我不是为了拿到一个文凭而努力，因为我觉得，相对于真正的能力来说，学历和文凭并不是最重要的。学校里老师教授的很多科目并不实用，对当时的我来说，还不如在社会的大环境中去学习和锻炼。我认为，人的知识，有 90% 是在工作中学到的。

尊重是自己争取来的

在德国待了 4 年后,女儿已经很适应德国的生活了。我先生是高级计算机工程师,他有技术,工作很稳定,收入也不错。我出国前是做销售和管理的,这是我的强项,但到了德国我没有技术优势,很难找到一份合适的工作。

于是,我想回国,想回去开辟另外一片天地。当时的中国正在发生巨变,开始飞速发展。直觉告诉我,那片土地上有很多机会,我回去能做很多事情。那段时间,我一想到回国,就感觉浑身热血沸腾,之后,我开始为回国做准备,计划回国之后做什么工作。那个年代互联网不发达,不像现在可以随时上网查询各种信息。我当时的想法是,中国的改革开放政策必然会吸引外资到中国,德国公司到中国后,就需要招聘既了解中国国情,也了解德国文化的人,这些要求我都符合,我要找的就是这样的工作。

想清楚后,我就马上开始行动。我先去了德国监管企业的政府部门,问他们能不能给我一个在中国投资、设工厂、设代表处的德国公司的名录。他们问我要这个名录做什么，我说我希望找一份工作，可以起到桥梁作用，既能帮助德国公司在中国站稳脚跟，也能帮助中国发展，这对两国来说都是好事。

负责接待我的是一位男士，他表示，我只是个留学生，目前既没有工作单位又没有相关工作经验，他不能随便把清单交给我。一个星期之后，打好腹稿的我又去找他，我说："我虽然没有毕业，但我的经历是合适的，我到德国来留学也是为了学习当地文化和当地语言，如果您认为我的经验和资历太浅，那我不要大公司的名录，只要中小型公司的名录。"这次他还是拒绝我了，理由仍旧是我没有正式的工作和身份，但他这次的态度明显客气了很多。

回去之后我想了想，还是不死心，直觉告诉我这是一条可行的路，不能放弃。于是一个星期之后，我又去找了他。这次，我还没说几句话，他就笑了，说他被我的真诚和执着打动了。他给了我一份清单，上面有190多家刚刚到中国或是打算到中国投资的中小型公司的信息，同时他也跟我强调，这份清单必须保密，不能外传。我非常感谢这位男士的帮助。

回到家后我就开始给清单上的公司一一写信，一共发了197封信，这个数字我记得特别清楚。那时候我们的经济还不算宽裕，我先生说，你怎么花了这么多钱写信、买邮票寄信。我的想法是,不可能每一家公司都有回信,所以我得广撒网来增加成功的概率。

没过几天,我收到了 7 封回信,其中大多数公司都是要求我留在德国工作,主要负责给中国的合作方打电话、写信、沟通。我印象很深的是一家在慕尼黑的知名时装公司,我去面试的时候,公司里的人穿戴都很时尚,但态度很高傲,对我爱搭不理的。他们看我的个子比较高,外形也还可以,所以同意录用我,让我定期打电话、写信到中国,沟通采购服装面料等事宜,同时做行政助手,翻译一些中文资料。那里的工作环境很好,但氛围不好,让我感觉很不舒服,所以我拒绝了。

后来我去了一家比较小的德国公司,是做卷烟纸的技术型公司,刚好正在和中国的卷烟厂谈合资,他们急切用人,但是工作地点在比较贫穷的云南省建水县,很难找到合适并且愿意去的人。确定这份工作之后,我特意去了一趟德国政府部门,又找到那位给我清单的男士,向他表示感谢。他特意帮我查了这家企业的相关资料,对我的决定表示赞赏。他说:"你这样一位中国女性,为了帮助中德两国的企业发展,一次又一次锲而不舍地找人,一次被拒绝,就来第二次;第二次被拒绝,第三次再来……这种执着的劲头让我感动,我对你心生敬意。"到德国这么多年,第一次有一个德国人对我真诚地表达他的尊重。这让我心里感慨万千。之前，我们国家的发展相对缓慢，我们这些在异国他乡的中国人也遭受了太多的白眼和冷遇，但现在不一样了，我们的国家强大了，在国外的每一个人也有了底气，而且，只要自己肯努力，踏踏实实做人做事，一定会得到别人的尊重，尊重都是自己努力争取来的。

　　得到了别人的尊重，我更加希望自己能够独立、自强，不依附于他人而活。不过，现在回想起来，我一路走到现在，70多岁还能在职场上打拼，在事业上也取得了一些成绩，其实离不开家人的陪伴和支持，正是他们的支持才让我走得这么远，而且他们也教会了我许多为人处世之道。

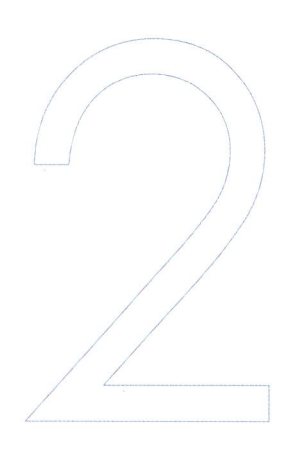

人在外打拼不容易，会遇到困难，也会有委屈的时刻，会获得成就和光环，也会遭遇伤病和低谷，但有了家人的支持和陪伴，我们走的每一步都更加踏实，家人能让我们的生命更加完整，也能让我们拥有更多前行的力量。

家

人

刘明明和家人。从左至右分别为妹妹、奶奶、弟弟、爸爸、妈妈、先生、刘明明

我的父亲、母亲

父亲比母亲大两岁，他出生在山东，是个穷人家的孩子，小时候家庭条件很困难，年轻的时候总是吃不饱饭。上学期间，每天只能吃两顿饭，为了节省体力，他在学校时都不敢多活动，吃了早饭就躺在宿舍的床上看书，学习的时候都在想下一顿能吃什么。母亲不同，她的家境优渥，从小就没吃过什么苦，以前在当时一所很有名的女校——南京金陵女子大学读书。我不太清楚我母亲和父亲是怎么认识的，据说他们认识不久后，我父亲就开始追求母亲，我母亲长得很漂亮，当时是校花，而父亲个子高，外形条件也好，他们看起来很登对，后来就在一起了。

父亲和母亲很早就加入了中国共产党，之后还参加了革命。中华人民共和国成立后，他们一起到北京，被分配到了中央机关工作。在我的记忆中，父亲聪明又乐观，很喜欢小孩子，他的交谊舞跳得很好，20世纪90年代刚有了卡拉OK，他就经常去唱歌。

刘明明的母亲年轻时候的照片

小时候，我和妹妹与爸爸待在一起的时间比较多。我记得，他一有空就陪我们玩。那时家里没有空调，夏天炎热，爸爸就拿出一个小凉席，带着我和我妹妹（弟弟还没有出生）在楼下找个阴凉的地方，铺上凉席给我们讲故事。那些画面特别美好，我现在都记得很清楚。从小，我和爸爸的关系就特别好，我俩的性格比较像，他也很喜欢和我聊天，我们经常聊一些哲学思想和理论。

妈妈平时只有周末才能回家。她升职后，工作更忙了，我们的相处时间就更少了，而且，妈妈好像比较喜欢我的妹妹、弟弟，因为她生弟弟时已经33岁，在那个年代算是高龄产妇了，而且我奶奶比较重视男孩，所以妈妈和奶奶都把弟弟当宝贝。我的性格比较活泼外向，小时候特别淘气，经常惹麻烦、被人告状，学习成绩也不太好，不像妹妹、弟弟那样让妈妈省心，所以妈妈对我就比较严厉。我记得有一个周末，妈妈坐在我旁边给我补课，盯着我写作业，我总是做错题，只要我错一处妈妈就掐我一下，那天，我身上被她掐出了好几处青紫色的伤痕。妈妈总是很严肃，不像爸爸那么随和，所以我和妈妈的关系一直都不是很亲密，我们之间有些隔阂。我从小就胆子大，外向高调，也爱赶潮流，喜欢新颖的东西，不太守规矩，她也一直对我不太满意，认为我没有个当姐姐的样子。

在东北工作的时候，我和母亲之间发生过一件事情，让我很久难以释怀。当时，我在东北一个县城的热电厂工作，我父母已经平反了，除了我全家人都回到北京了，妹妹被招进了总政歌舞团[1]的合唱队，弟弟高中刚毕业。我希望能调回北京，可妈妈却反对我回来，还为此单独找我谈了一次话。她担心，如果我回北京了，弟弟就得去插队，她不希望弟弟去插队。她的说法令我非常反感，我觉得她没有平等地对待几个孩子，弟弟已经长大了，一个男孩子去插队锻炼有什么不好呢？而且即使他去插队，也只是去北京周边的郊区，如果我回来了，我还可以照顾家里。

我当时很不理解，她作为一个接受过高等教育且思想进步的女性，也是一个母亲，怎么会有这样重男轻女的思想呢？

---

[1] 全称中国人民解放军总政治部歌舞团，2016 年更名为中国共产党中央军事委员会政治工作部歌舞团，2018 年中央军委政治工作部原歌舞团、话剧团及歌剧团三团合并组建成为中国人民解放军文工团。

我当时就和她大吵了一架。这里还有一个小插曲,当时我已经跟我先生谈恋爱了,他知道这件事以后也特别生气,还写了一封信给我妈妈,但是我想了想,没有把信给妈妈,而是把信藏在了我的枕头底下,没想到还是让我妈妈发现了。当时,爸爸也跟我聊了很多,让我多理解妈妈。后来还是爸爸做通了妈妈的思想工作。之后,经历了在东北插队、上中专、到热电厂工作的我,终于回到北京的家。后来,大家谁都没有再提过这件事情,我弟弟自始至终都不知道,当然,他也没有去插队,因为他在学校里很优秀,可以继续深造。

刘明明和母亲

还有一件事我也记得特别清楚，那时我已经回到北京，在中国农业电影制片厂工作。那会儿刚流行穿牛仔裤，有一天我穿了一条紧身包臀的牛仔裤回家，我妈妈看到之后很生气，说我穿得不像样子，逼着我立刻把牛仔裤换下来，我当时很生气，我已经是成年人了，有自己的喜好和审美，并不认同妈妈的管教。经过这些事情后，我和妈妈的关系就更微妙了，不像妹妹、弟弟和她那么亲近，我也不会和她说心里话。直到我结婚、生了女儿，自己当了妈妈，才明白了母亲对孩子的那种天然的爱，我心里也就慢慢释怀了。

生完孩子后，母亲经常会来看我，我忙不过来的时候，她和爸爸会帮我照顾孩子。那会儿，我一心一意扑在我的小家庭上，所有事情都优先考虑我先生和女儿，支持先生去德国留学、工作。一切以先生为主，以家庭为主，对待工作也没那么上心。但妈妈不喜欢我这样，她对我说："明明，不管在什么时候，你都得努力上进，要有自己的爱好和工作，不能依附着别人生活。"直到先生出国、女儿被送到奶奶家生活后，我才有了发展事业的时间，辞职下海后我的工作做得风生水起。妈妈经常夸赞我，她说没想到我30岁后从零开始学习计算机，还做得挺不错的，和小时候的我完全不一样。有一次，她还特意悄悄地到公司看我的工作状态，当时我正在和部门的员工开会、布置工作。我的状态让她很高兴，回到家后她不停地夸我工作认真、投入，也不像以前那样总是挑我的毛病，加上我女儿和我父母很亲密，这段时间我和母亲的关系上了一个台阶，变得越来越好了。

后来，我要出国时，爸妈都很支持我的决定，还去德国看过我们。母亲因为有冠心病，60 岁就退休了，退休之后去过德国，在我和弟弟那儿都住过一段时间。她从德国回到中国不久后就被检查出患了癌症，那时候我女儿去德国还不到

刘明明和父母、德国的朋友在德国游玩，
这是刘明明和母亲的最后一次团聚

一年，而先生工作又特别忙，家里根本离不开我，我只能不断给家里和医院打电话，了解母亲的病情和治疗情况。我最后一次打电话到医院时，一直没有人接听，后来才知道妈妈当时被转去急救了，但最后没有抢救过来，妈妈就这样去世了。

刘明明（左）和父亲、妹妹

我弟弟那时刚从德国读完书回到北京，受聘于一家美国公司，妹妹一直在总政歌舞团。母亲去世的时候妹妹、弟弟都守在她身边，只有我不在，母亲去世后我也没能回来送她走。没有陪母亲度过人生最后一段时间，是我人生中最大的遗憾。

我和父亲的关系一直很好,从小到大,他都毫不吝啬地表达对我的赞赏和支持,我在外打拼时,他也会担心我,但更多的是鼓励。在我遇到困惑时,他会很耐心地帮我分析问题,给我提供建议。父亲今年98岁了,经常通过电视、报纸等媒体,关注各种国家大事,虽然他的听力和视力都下降了,但精神矍铄,心态也积极向上。如今我的妹妹和弟弟都在北京,我在上海,我们经常回去看望父亲,陪他聊天。他不愿去养老院生活,就喜欢舒服自在地待在家里。他说养老院都是老人,没有活力和生气,他不想在老人的圈子里待着,更喜欢和年轻人相处。

妹妹和弟弟

我和妹妹的年龄相差不多,但我俩的性格截然不同,她比较乖、守规矩。小时候我一直觉得,妹妹这种性格的人在外面容易受人欺负。我们家里的三个孩子,妈妈偏爱妹妹和弟弟,爸爸则更喜欢我。小时候我们跟爷爷、奶奶住在一起,我个子高、长得快,所以总能穿到新衣服。妹妹就没那么幸运了,奶奶会把我穿过的衣服和鞋子给妹妹穿,所以她对衣服都特别珍惜,好不容易给她买件新衣服,她也舍不得穿。家里买了好吃的,我大大咧咧,一看到就拿起来吃了,而妹妹总是会很珍惜地慢慢享受。

妹妹的学习成绩很好,在学校里一直都是班干部,也喜欢唱歌、跳舞。我俩性格差异很大,但很少有矛盾,我们相处得很和谐。小时候,我可能会在外面和小朋友打架,但从来不会那样对妹妹和弟弟。妹妹胆子小,我在外面淘气犯了错被告状,回到家挨父亲的训斥时,她就会马上拿着抹布擦桌子或是拿起笤帚扫地,我父亲一看就乐了,气也消了不少。

每次外面有人欺负妹妹、弟弟，我都会站出来保护他们，在这一点上我还是挺有姐姐样儿的。

刘明明和妹妹从插队的农村回到北京，特意去拍了合影

妹妹在内蒙古兵团插队时，因为歌唱得好，经常参加演出并担任独唱，后来被挑选进入总政歌舞团时已经20岁了，算是年龄比较大的，但是她很用功地接受专业训练，留在了总政歌舞团的合唱队。退伍之后，她被分到一所职业学校里教声乐，一直很认真地工作，在学校里被评为高级音乐教师，很受学生喜爱，期间她还自学考上了大学的中文系。她热爱文学，经常自己写歌词，还自学了指挥。退休后，她被几个地方机关的老年合唱队聘请去教唱歌、做指挥。我妹妹一直都很积极上进，她今年69岁了，但我从没见她有闲着的时候，她把退休生活过得有声有色，努力发展自己的兴趣爱好，很

受亲戚朋友们的喜欢，大家提起她总是满口称赞。

我15岁去内蒙古插队时，弟弟才6岁，等我回到北京时他已经长大了，我错过了他的少年时光。后来，弟弟和妹妹一直生活在北京，他俩之间相处得更多一些，自然也更亲密。弟弟从中国人民大学硕士毕业后就去了德国念书，他学的是法律，回国以后陆续在几家知名的跨国公司做中国区的总经理，事业做得很成功。弟弟和我陆续出国留学，又回到国内生活，虽然我们都有了各自的家庭，但我们之间仍然很亲密，经常通过各种方式联络，也会定期见面，聊聊工作和生活琐事。我们是彼此的精神支柱和强力后盾。

一路走来，不管是妹妹、弟弟，还是我，都有遇到低谷的时候，但我们始终相互扶持，一起解决问题。现在，我们姐弟三人都仍在自己擅长的领域里奋斗着。弟弟今年63岁，目前在一家国内的上市公司做执行副总裁，经常会被邀请参加一些行业论坛和专业讲座，分享自己的经验。妹妹今年69岁，在音乐方面的造诣很深，退休后乐此不疲地教唱歌、做指挥，发展自己的爱好。这么一看，我们都是有活力的老人，进入老年后依然活跃在社会上，奋斗在各自的岗位上，也享受这样的生活状态。

我的女儿

妹妹、弟弟和我,都是在大家庭里成长的。童年时,我们分享了美好快乐、无忧无虑的时光,一起成长;成年后,我们相处的时间有限,虽然还是彼此的精神支柱,但大家都把更多的精力给了自己的小家庭,我也一样。

我 15 岁去内蒙古插队,辗转到 27 岁才重新回到北京,在内蒙古和东北待了十几年,连口音都变了。回到北京后,工作、生活、城市的发展对我来说都太新鲜了。当时,我先生正在读硕士研究生,而我一边工作,一边享受北京新鲜有趣的生活。我喜欢追赶潮流,一有时间就学做衣服、学设计、学织毛衣,对我来说当时的生活非常美好。我们对生养孩子这件事完全没有概念,第一次怀孕时我们还没有生孩子的计划,但没过多久我又怀孕了,这一次医生建议我留下孩子。就这样,我开始了另一段人生。

女儿出生的时候,其实我从心理上还没有准备好当一个母亲,甚至一度有点抗拒即将成为母亲这件事。我在怀孕期间，还是一样爱时髦、爱打扮，但家务我却一样没有落下。女儿出生以后，我虽然没有经验，也不太会带孩子，但我把女儿照顾得很好，每天下班后都全心全意地陪她玩、陪她学习。女儿长得很可爱也很漂亮，从小就喜欢唱歌、跳舞，在幼儿园里特别招人喜欢。她小时候还出镜演过电影，当时，谢晋导演去中国农业科学院的幼儿园里挑小演员，挑上了我女儿。导演和老师都说，她的镜头感特别好，不需要排练，只要灯光打开，镜头对准，她就知道怎么表演。

刘明明和女儿在公园的草坪上

受我的影响，女儿从小就爱美，而且，可能是由于我小时候物质没有那么丰富，总觉得在穿衣打扮方面有缺憾，于是我就把以前被压抑的爱美之心全都放到女儿身上了。从她小时候起，我就给她做漂亮衣服，给她梳各种各样的小辫儿，把她打扮得漂漂亮亮的。我管教女儿时，偶尔她不听话惹我生气了，我也会动手打她几下。这可能是受我爸爸的影响，记得我小时候爸爸就打过我，而且说打就打，毫不留情，以前的育儿观念是"不打不成才"。

在我准备出国留学前，我在电子一条街的工作很忙，便把女儿送到了她爷爷奶奶家，请他们帮忙照顾，周末我再把她接回家。记得有一次，邻居告诉我，她和我女儿聊天，问起："你喜欢在爷爷家还是喜欢回家跟妈妈一起住呀？"我女儿说："虽然妈妈有时候会打我，但我还是喜欢跟妈妈一起住。"女儿的话让我心里难受极了，那时候她只有7岁，刚上小学不久。从那以后我再也没有打过她，工作再忙都会挤出时间去陪她。

后来我顺利到了德国，那是1989年。刚到一个陌生的国度，虽然身边有先生的陪伴，但女儿却独自留在国内奶奶家，我经常想女儿想得抱着枕头哭。一年多以后，我们如愿把女儿接到了德国，当时我们的经济条件不太好，为了节省往返的机票，我们委托一位到德国考察的朋友把女儿带过来，然后去机场接她。那时候女儿才9岁,她一见到我就紧紧地拉着我的手不肯放开,坐车、上厕所都要拉着我一起去。我那位朋友说,在飞机上,十多个小时里我女儿一直没怎么闭眼,她害怕再一睁眼人就丢了。接到她之后我们一家三口开车回家,她刚一上车就睡着了,到家了也叫不醒,是我先生把她背上楼的,可以想象一路上她有多累。从那以后,我们一家人就团聚在德国了。我们租的公寓不大,有两个房间,

刘明明的女儿到德国后的第一个圣诞节

但她不愿意自己睡一个房间，晚上非要跟我们挤在一起睡。后来她慢慢长大了，稍微独立一些了，才愿意自己睡在另外一个房间里。

我女儿刚到德国时，不会说德语，按她的年龄应该上四年级了，德国学校的老师告诉我们，可以先进语言补习班学一年语言，之后再进入正常班。这就相当于要留一级，我们不想让她留级，因此就没有进补习班，而是让她直接进入四年级。小孩学习语言的能力很强，而且我女儿胆子也比较大、性格开朗，她的德语很快就跟上了，学习成绩很不错。

到德国的头几年，女儿偶尔会受到同学欺负。她跟我说了之后，我就告诉她：首先，你不能欺负别人，但如果谁欺负你了，你就尽力反击，不要害怕跟人起冲突，自己解决不了的就告诉老师或者我，女儿说"好"。她的性格也和我一样，有一股子倔劲儿，不怕惹事。我一直有这样一个观点：我们不欺负人，但如果有人欺负我，那对不起了，我绝对不会低三下四地示弱、任人欺负，我会用自己的办法解决处理、努力反击。

我就是这样教育女儿的，所以后来一遇到想要欺负她的人，她就机智地对付他们。有一次，我给女儿洗衣服，发现她的一条新买没多久的裤子的膝盖处破了个洞，我问她怎么回事，她告诉我，在放学骑车回家的路上，有几个男孩子堵她,把她撞倒了,还要动手打她。但她拉开架势,比画出一套像模像样的武功拳法,一下就把那帮淘气的孩子吓跑了,因为他们听说中国人都会功夫,不敢招惹,然后她就自己骑车回来了。她还宽慰我,说这是小事情,回家没说是怕我们担心,徒增我们的烦恼,她自己能处理好。

我女儿那么小就开始独自面对那种陌生且不友好的环境,很不容易,我知道后也特别心疼,不过她特别懂事、胆大心细,能自己应付、处理一些小问题,让我们很放心。慢慢地,她在学校的境况越来越好了,一方面是她的语言过关了,很快就能用德语听说读写了,另外,她也在学校里交到了几个德国本地的好朋友,那几个小孩对她非常友好,交到朋友之后她在学校的处境就顺利很多了。

在女儿13岁那年,我独自回到了中国,在云南省工作,女儿和我先生继续在德国生活,我和他们也开始变得聚少离多。那个时候她已经念初中了,她爸爸经常辅导她做功课,所以她的学习成绩一直很优秀。从那时起,我大部分时间都在国内,每年只能回去几次,我们很想念彼此。有一次她告诉我,在我每次从德国回国以后,她都会去我的衣帽间闻闻我的衣服,因为那上面有我的味道。

女儿青春期时,我俩的关系有点紧张,因为我总不在她身边,她跟我就没有那么亲近。学校每次开家长会都是她爸爸去的,很多德国家长特别不理解,问她为什么妈妈总不在身边。孩子还这么小,为什么妈妈经常在外面工作,还远在异国,不在孩子身边照顾她呢?……这些他们都不理解。

那时,女儿下课后,我先生有时候不能及时去接她回家,她就会先去好朋友家待一会儿,那家德国人对她很好,把她当自己的孩子一样对待,但他们也不理解我为什么不在她身边照顾。这些不理解多少影响到了我女儿,所以我每次从德国回中国,她都很不高兴。有一次,她关着门在房间里打电话,打了很长时间,我就想进去看看她到底在干什么。我一进去,她就很不高兴地说,她要跟同学聊天,希望我不要打扰她,让我赶紧出去,甚至赌气地说:"你快走吧,回中国去。"有时候,我刚回到德国没几天,她就变着法地让我给她买各种东西,好像在发泄怨气似的。

女儿17岁的时候,交了第一个男朋友,她第一时间就跟我先生说了这件事,但没有主动跟我聊起过。当时我正处于事业上升期,一头扎在云南努力工作,跟先生和女儿的交流都比较少。有一次我回到德国,我先生到机场接我,说突然发现我一下子苍老了很多,整个人看上去很疲惫。那时我的工作压力很大,云南的条件比较艰苦,工作环境也差,我整天劳心劳力。但我是一个自尊心很强的人,即便在家人面前我也不轻易诉苦。我在云南的时候没有让先生和女儿去看过我，因为我担心那里的工作环境会让他们笑话，他们可能也不会理解我为什么要来这样的地方工作。现在回想起来，我当时想得太多了，无论何时何地，家人都是我强有力的后盾，他们只会担心我太过劳累，怎么会笑话我呢？但我当时一心只想独立，想做点自己擅长也喜欢的事情，还想不断地学习新东西。

女儿在她 18 岁的时候回了一次中国，那是她 9 岁出国之后第一次回到国内。我认为她在德国生活了这么多年，应该回来看一看自己小时候生活过的地方，也看看我们国家发生的巨大变化。我当时在北京担任一家德国公司的首席代表，当时北京已经发展得很好了，高楼大厦鳞次栉比，城市面貌一点儿也不比德国的差。

她回国的那段时间，经常跟着爷爷奶奶在北京市里四处转悠，也会到公司来看我工作。后来聊天时，女儿说她从那个时候开始对我有了新的认识，觉得我很了不起。一天晚上我们一起吃晚饭，女儿说："妈妈，我回来的这段时间，你总是把我送到爷爷奶奶家，但我不想一直待在爷爷奶奶家，只想跟你在一起，跟你有更多的交流。"在德国时，几乎都是我先生在照顾她，我心里好像只有工作，她对我其实是有怨言的，但当她看到了我当时的工作状态，看到我在一家德国知名跨国公司担任重要职务，而且很享受工作，她一下子就理解我了，说只要我觉得高兴，喜欢这份工作，那就继续做吧，不要因为不能陪家人而感到内疚。她的这些话让我很欣慰，好像这些年来我心里的委屈和不被理解一下子都释然了。同时我也明白，女儿确实长大了，不能再把她当作懵懂无知的小孩子，也不能再像哄小孩似的对待她了，她已经能明白和理解很多事情了，平时要多跟她有平等的交流。

她这次回国，也看到了中国的飞速发展和巨大变化，后来还带着她的德国男朋友一起回来过几次，他们都很喜欢中国，都觉得中国很好。

我先生在 51 岁时重新回到中国生活，回国之后，他成立了一家技术贸易公司，在国内开创了自己的事业。就这样，我女儿独自留在德国，那时她快大学毕业了，完全能在德国独立生活了。她即将毕业的时候，我认为中国的经济发展迅猛，如果回到国内，未来肯定可以大展宏图，她听从我的意见，邀请她的男朋友一起找了一家中国的公司实习。后来她和德国男友结婚了，两人一起申请到香港工作了 3 年。女儿当时在一家知名咨询公司工作，她的第一个孩子是在香港出生的。不知道是不是我工作的劲头影响了女儿，她怀孕 6 个月的时候还去外国出差，怀孕期间也没有耽误工作。

女儿工作并成为母亲后，有什么想法和困惑都会第一时间跟我沟通，我们的工作有相似之处，我能帮到她，而且她也更加理解我了，这个时期我们之间特别亲近，就像好朋友一样无话不谈。我的经历、我对工作乐观积极的态度都让她由衷地敬佩，她一直很支持我。而且，她也像我一样，对工作和生活都保有热情，独立自信。我想，这就是对"父母是孩子最好的榜样"的诠释吧，你想让自己的孩子变得独立、

刘明明与女儿和外孙一起在奥地利的山间游玩

优秀，首先自己也得具备这些品质，不能只是一味地对孩子提要求，给他们施加压力。对自己也要有要求，这样孩子就会"有样学样"。

可能因为女性天生都爱美，在穿衣打扮上我俩也会经常交流，相互给意见。我是20世纪50年代出生的人，又吃过不少苦，所以多年以来养成了节约的习惯，买衣服一直不舍得花太多钱。每次我到德国去看她，她都会带着我去买时装、饰品、护肤品等，还教我化妆。在她的带动下，我对时尚的理解在进步，生活品质也有了提高，现在我开始做短视频自媒体，经常要出镜，需要精心搭配服装，女儿也经常给我建议。

女儿生了两个孩子，因为我一直没从工作岗位上退下来，所以从来没帮她带过孩子。女儿特别坚强也很能干，生完第二个孩子她就辞去了工作，自己在家照顾两个孩子，她说不想错过孩子的成长和童年，她小时候经受过与父母的离别之苦，现在当妈妈了，更能体会这种感受了，所以她选择在家当全职妈妈，自己一个人非常辛苦地照顾孩子，但我和女儿都认为，只要自己的内心足够强大，什么事儿都不是事儿（Everything is nothing）；只要你愿意且足够努力，你可以解决任何困难和问题。

女儿今年41岁了，她的两个孩子也都长大一些了，不再需要她天天接送上学和贴身照顾了，于是她重新回到了职场。因为工作能力强，表现优秀，半年后她就出任了公司的首席财务官（CFO）。这些年她虽然独自在家带孩子，但从来没有和社会脱节，空闲时一直保持学习，而且她和她先生也经常交流工作，她先生每次在事业上有调整时，都会与她商量、沟通。女儿就这样把她的小家庭打理得井井有条，还靠自己的能力重新找到适合的工作，并做得有声有色。

所以，在职场上，女性一定要清楚自己的目标是什么，无论什么时间开始都不晚，但是你要起步、要行动，不要畏首畏尾。努力朝着自己的目标去做就好了，这样你总有一天会得到自己想要的东西。

伤病

家人的支持让我在事业上走得更长、更远,家人们的病痛也让我分外揪心,但是,我们彼此之间的陪伴和照顾,让每一次的伤病都能顺利康复。

女儿的一次骨折

当时我先生在德国凯泽斯劳滕(Kaiserslautern)的一家计算机软件公司工作,我们在他公司附近租了一间公寓,那房子建在半山腰上,每次回家都要爬很长的一段楼梯。一次,女儿不小心从楼梯上摔了下去,导致右腿骨折,我先生立刻带着女儿去医院紧急治疗,之后还经历了 4 个月的康复期。他们父女俩对我做了严格的保密工作,半年后我从云南去德国探亲时,女儿已经完全康复了,我才知道这件事。4 个多月里,她每天拄着拐杖生活,在她最需要照顾的时候我没在身边。她是女孩,生活上有诸多不便,我先生也不方便照顾。那时候还没有智能手机,不能通过语音、视频等方式跟我联系，我在云南的建水县，位置非常偏僻，打长途电话也不方便，只能偶尔互相发个传真。但女儿从来都没有跟我提过一个字，她真的很坚强，很独立。直到现在，每当想起这件事，我心里就很难受，感觉自己没有尽到一位母亲应尽的责任。但所谓有得必有失，人必须要有所取舍，我在工作上投入的精力多了，就无法很好地照顾家庭，还好有我先生的全力支持。

丈夫的一次怪病

大约是2000年，我们搬到了先生所在公司总部的法兰克福附近居住。由于长期工作压力太大，丈夫突然得了一场奇怪的大病，一直高烧不退，医生也解释不了病因。当时我在北京工作，非常繁忙。有一天突然接到女儿的电话，她在电话那头边哭边说："爸爸已经病了好几天了，我实在处理不了，你回来吧。"挂了电话后，我立刻向公司请了假，我说我丈夫生病了，女儿在电话里也说不清楚状况，这些年来女儿从来没有如此紧急地给我打过电话，所以我必须回去看一看情况。那时候我在北京担任公司的首席代表，把手上的工作安排给我的副手后就立刻赶回德国了。我到了德国一看，先生已经病得很厉害了，整个人几乎瘦成了一根竹竿，虽然他已经发烧一周左右，但当地医院给的治疗方案就是在家休息，等着自然退烧。我先生没什么食欲，不吃不喝的，当时女儿才 17 岁，还不会做饭，她一边上学，一边还得照顾她爸爸，于是我在家里待了两个多星期照顾他们。可能是因为我在身边，我先生心里踏实了，我到家的第二天他就退烧了，但还是很虚弱，我带他到医院做检查、找病因。在德国，看病做检查都是要预约的，预约后要一至两个月才能做检查。我当时心里非常着急，怕错过最佳的治疗时间。这种情况下我工作中的那股冲劲上来了，我去医院诊室门口等医生，追着他商量，请求他，如果谁临时取消了预约，务必立刻通知我们去做检查。后来我先生及时接受了检查。在德国的那两个星期，我带着他在医院把能做的检查都做了一遍，但始终没查出病因，医生也没有给出特别有效的治疗方案和药物，只是建议在家好好休息。就这样，我先生发烧将近 10 天，最后自己从鬼门关挺了过来。

这是我先生得过的一场比较严重的怪病，因为他的这场怪病，我得以从繁忙的工作中脱身，集中精力在家照顾他和女儿。我们一家三口度过了两周美好的时光。

我的那股子冲劲儿还体现在另外一件事情上。

我先生是个非常优秀的计算机工程师，长时间在电脑前工作让他出现了腰椎间盘突出的问题，一直被疼痛困扰，疼起来简直要命。德国的骨科诊疗技术比较发达，针对腰椎问题有一套颇有疗效的治疗方案，但是预约排队以及各种检查的时间非常漫长。我先生既不希望耽误工作,也嫌去医院麻烦,就一直拖着,每年春季犯病的时候他都是硬扛两个月等待疼痛过去,结果疾病越拖越严重,犯病时走路一瘸一拐的,很不方便,他在腰上绑个腰支撑就坚持去上班了。有了之前带他看病的经验,我如法炮制,凭着那股冲劲儿又很快得到了检查的机会,两天后我们就顺利完成检查,拿到了结果。骨科医生看我们这么快就做好了检查,非常惊讶,以为我们家里肯定有一个很棒的管家。其实都是因为对家人身体状况的担忧和心疼,我才想方设法,让他们及时得到治疗,早点缓解病痛。彼此关心、互相照顾,这就是亲情。我在外打拼多年,每次遭遇困境和难处,家人都会第一时间给我理解和支持,有时我感觉亏欠他们的太多了。

家人是挡在我和死神之间的一堵墙

我在云南工作时,有一次,不知道什么原因突然引发了特别严重的鼻炎,导致身体状态变得非常差,不巧就在这个时候,我们公司的一批产品出了质量问题,我主动承担责任,安排产品召回。由于召回事故导致客户退货,会损害股东利益,而公司认为客户的反应并没有严重到要实施产品召回的程度,因此不能理解我的处理方案。我任职的公司是一家中德合资企业,我同时受到了德方和中方的指责。我的压力非常大，鼻炎引发了高烧，我大病了一场，烧到整个人都没法站起来了。我当时的办公地点是在工厂里，医疗条件比较差，厂区医生每天给我打点滴，连输了三天青霉素都不起作用。有一天，我已经烧得神志不清了，夜深人静时突然闪过一个念头，感觉自己会死在这儿，吓得我用尽全力拿起电话，第一次因为私事给远在德国的先生打了过去。他在那边得知我病得很重，非常担心，要立刻飞过来照顾我，但是，我们的工厂在村里，距离昆明还有5个小时的车程，而且当时没有从德国直达昆明的航班，要先飞到香港，再从香港转机到昆明，非常折腾人。路途如此遥远，我在这里工作的5年里从没让家人来过一次，因为我不想让他们知道这个地方的条件艰苦。所以，我在电话里让他再等等，如果我的病情还不见好转，他再过来。这通电话当然不能治好我的病，但是却像一支强心剂，让我安心了很多。

第二天，看到我的状况越来越糟，公司的副总也着急了，安排人带我到县医院看病。医生说，如果再晚一点送去，我可能就要发生肺部感染了，医生给我换了效果比较好的消炎药，之后又打了五天点滴我才彻底退烧。病愈之后，我在床上躺了整整两周，食欲全无，再站起来恢复正常生活时，双腿都在打战。之后在我每年的体检报告中都能看到，肺部有两个钙化的点，这就是那次生病留下的永久纪念。

虽然最终我也没让家人过来陪我，但通过这次病让我感受到了他们在我心里有多重要，也让我永远记住了这次生离死别。

与后来的几次相比，这次的伤病只算是小问题。从年轻时起，因为喜欢运动，我的身体底子一直还不错，但由于工作需要，我经常世界各地到处出差，加上自己以前对身体没有特别爱护，消耗太大，导致我经历了三次比较严重的健康危机。

第一次健康危机发生时，我在北京的福伊特代表处任首席代表。当时，为了开拓市场，我很拼命地工作。我从小就有过敏性鼻炎，偶尔会发作，但我没太当回事儿。那段时间压力大加上没休息好，我鼻炎的老毛病又开始发作，我感觉到这次的状况和以往不同，很严重，鼻子堵得厉害，尤其是感冒之后，非常难受，甚至已经影响到工作和生活了。我只好抽出时间去医院检查，第一家医院的主治医生看了检查报告后，怀疑我得了癌症，说他们那儿没有办法提供特别好的治疗方案，建议我去另一家医院仔细查一下。去了另一家医院后，医生表示，我的鼻炎拖的时间太长了，鼻腔里发炎导致肿得厉害，得先消炎，然后再进一步检查。那个年代，医疗技术不够先进，还不能做一些很精细的检查，只能靠医生的经验来判断。鼻子的炎症消了之后，主任医师跟我说，我的鼻腔堵塞的原因很可能是里面有息肉和霉菌。那时候微创手术刚刚在国内兴起，可以通过手术把鼻腔里面的息肉切除，并把霉菌清除，但基本可以确定不是癌症。

我先生一听说我可能得了"癌症"，就特别紧张，立刻从德国飞回来陪我做手术。我做的全麻手术，有一定的风险，需要家人签一些知情书和文件。这是我经历的第一次全麻手术，但是过程很顺利，结果也很好。事后回想，在最初听到医生说起"癌症"的时候，我更多的感觉是诧异，自己这么好的身体，怎么会得癌症呢？当时，我也暗下决心，以后一定要多多爱惜自己的身体。

第二次比较大的健康危机，是在我60岁的时候，遭遇了一次严重的骨折。

2008年全球金融危机，我所在的企业福伊特也受到影响，恰逢我刚刚就任亚洲区总裁，工作繁忙，压力也非常大，因为需要在整个亚洲区布局，所以频繁出差。我记得当时是在山东，为了争取一个大项目的订单，我们从德国请来了专家和公司总部的高层，但很遗憾那个订单最终没有成交。那天晚上大家的心情都不太好，团队成员坐在酒店的餐厅喝酒解闷，我换了身衣服，独自去酒店的花园里跑步解压，但一边跑步一边还在想着工作，有些心不在焉。

结果，路上有个管井没有盖上，旁边也没有放警示牌，天黑我看不清楚，一脚踩空，掉到了下面的一个钢架上，右脚粉碎性骨折，左腿磕在了井口的边沿上，瞬间裂开了一个大口子，骨头都露出来了。当时是晚上，旁边也没人，我只好试着自己爬出来，用手机给同事打电话。同事们把我送到医院做了临时包扎。当地的医生确定我的脚是粉碎性骨折，并问我，是在当地做手术还是回上海再做手术。我考虑到这个手术前后需要卧床 20 多天，在外地很不方便，于是决定先回到上海再去医院治疗。

当时我已经 60 岁了，身体恢复起来没有年轻人那么快。和先生商量之后，我俩共同决定，不做脚底放钢条的手术了，因为做切开手术毕竟会伤筋动骨，术后恢复期很长，而且以后遇上阴雨天伤口处就会痛。另外，当时我们刚刚丢了重要的项目订单，公司正是需要我的时候，大家还要为我受伤的事情忙碌。强烈的责任感让我不愿在医院耽误太久，想着先怎么方便怎么治，所以我的一条腿打了石膏，另一条腿则做了清创处理，避免伤口感染。之后，我先生给我找了一位很有经验的中医，中医给我用了他家祖传的药，就这样，我在家用中西医结合的方式调理了两周，便重新回到了工作岗位。

上班之后，我又开始频繁出差、跑项目，很快就签下了三个大的订单。这次的客户特别好，她的企业总部在东莞，是行业中的标杆，她听说了我骨折的前后过程，明白那段时间是我的低谷期,就主动给我打电话谈项目合作。于是我打着石膏,坐着轮椅,搭乘飞机去她的公司,在广东待了两个多星期,和她详细沟通了合作事项、技术要求等细节,最后顺利签下了订单,这期间先生全程陪着我。

其实就像很多人说的,上天给你关上了一扇门,就会为你打开一扇窗。只要你不放弃,总会有收获的。

我记得,从客户那里一次性拿到了三个大订单,签完合同之后,山东一个客户的公司搞庆典活动,他们知道我的腿受伤了,问我能不能按原计划参加他们的活动,并上台发言,我毫不犹豫地答应了。老话说,伤筋动骨一百天,我的两条腿需要静养,可我是真的静不下来,即使打着石膏,挂着拐杖或坐着轮椅,也还是到处出差。但毕竟年龄大了,那次的石膏整整打了6个月。

6个月之后,拆了石膏,连医生都觉得奇怪,一个60岁的人,粉碎性骨折居然能恢复得这么好。我想,可能恰恰是因为,我虽然右脚打着石膏不能动,但我的身体一直在活动,增强了全身的血液循环,反而有利于恢复,而且我没有做手术,也就没有伤到筋络,恢复起来更快一些。直到现在我仍然能穿12厘米的高跟鞋。后来利用去德国开会的机会,我又特地在当地的骨科医院做了个检查,医生也说我恢复得特别好。

另一次大的健康危机，是持续时间比较长的妇科疾病。第一次出现问题，是我50岁左右的时候，当时正值更年期，我发现自己的身体开始不规则出血，而且情绪不好、盗汗，总觉得浑身无力，还经常发脾气。于是我去看了德国的妇科大夫。检查之后，大夫说这是更年期的症状，给我推荐了一种可以缓解症状的药，但药里有雌激素成分，可能会引起皮质增生，甚至有可能致癌，特别提醒我必须定期做检查。之后的头一年，我坚持每半年去检查一次，也都没有什么问题。后来工作太忙，我就没有再定期去做检查，不过我还是坚持吃了一段时间的药，直到过了更年期，状态明显缓解了我才没有继续吃药。

但没想到，61岁的时候，身体又开始不规则出血，起初我也没太在意，反复几次之后我明显感觉到身体不适，经常头晕、发虚。我觉得不对劲，于是去了上海的一家医院做检查，彩超结果出来后，医生说我的情况不太好，需要尽快做宫颈刮片，确定是否癌变。我一下就着急了，我不是担心自己生病了身体怎么样，而是担心会耽误工作。做手术需要在医院排队、做各项检查，我哪儿有时间生病呀！但好在，我去的医院能尽快安排检查和手术，于是第二天我就住院了。第三天，医生给我做了宫颈刮片小手术，手术的检查结果一周后出来，医生建议我这一周要卧床休息，但我实在太忙了，休息了两天后，就按原定计划坐着飞机去德国总部参加董事会会议，汇报亚洲区的工作，毕竟这是早先就定好的行程，我不想因为自己的身体检查而有所耽误。在飞机上，我感觉身体还是有些虚弱，毕竟当时我已经62岁了，生病加上繁忙的工作，身体多少有些吃不消。到了德国之后的几天，我就一直忙于开会、讨论方案，最后一天会议结束做总结时，我打开电脑突然发现有一封新邮件，但我当时没顾得上看。过了一会儿，我女儿一个电话打过来了，电话一接通，她就在那边哭了起来，当时我的总结会还没结束，我跟她简单说了情况，就把她的电话挂了。

后来我女儿告诉我，她当时特别生气，生气我不爱惜自己的身体，我的身体都已经这样了，还一心只想着工作。会议结束后，我先生也打来了电话，他这时已经在上海的国际机场，马上飞往德国。他告诉我，我的检查结果出来了，是一种妇科癌症，并且已至中期。给我做宫颈刮片手术的医生非常负责任，她联系不到我，于是就联系到我的助理，助理再联系了我先生。我先生知道消息后马上就告诉女儿了，让女儿帮忙在德国找一位专科医生，同时他买了当天半夜的机票从上海赶回德国。女儿的电话随后也打来了，她在电话里哭着说："妈妈，我们已经联系到了德国一个非常知名的妇科专家，是我一个好朋友的父亲，一切都安排好了，你直接去医院就可以了。"接着又埋怨我一心扑在工作上，连自己的身体健康都不顾了，非常让人担心。

放下电话之后，我的情绪很低落，女儿的哭声更让我难过。我把自己的情况跟公司做了说明，原本定好第二天上午我要和公司的董事长见面详谈在日本投资项目的事宜，但考虑到我的身体状况，董事长取消了见面，并让我先不要考虑工作的事情，赶快就近在德国安排手术，身体要紧。公司和董事长的做法让我很感动，我是一个责任感很强的人，一直担心因为自己的身体状况耽误公司的业务，但公司没有任何责难，在我住院时还给我送来了鲜花和卡片，让我安心手术。

当时，我女儿一个朋友的父亲是资深妇科医生，在德国一家知名医院工作，我女儿通过朋友给我联系上了这位医生，然后忙前忙后地安排了医生给我面诊，做全面检查。根据术前检查，我身体的癌细胞没有扩散，医生建议我做手术切除癌变的部位即可，没必要做化疗。在我手术和住院期间，先生全程陪着我，昼夜不休地照顾我，晚上累了就睡在我病房里的沙发上。出院之后，考虑到在中国的家里能得到更好的照顾，我在德国休息两周后就回国了。按照医嘱，我手术后要休息半年，进行康复和调理，并且要定期检查，但我居家工作休养了三个月后就去上班了。手术时医生在我身体里放了两个钛合金的夹子，一开始我的身体对那个夹子有排异反应，如果长时间坐着的话，会导致一侧的腿肿得特别厉害，几个月后才消肿。

我这几次的伤病，不管是骨折还是手术住院，都有先生和女儿陪着我。骨折的时候，我需要出差，先生就推着轮椅跟着我去各地出差，照顾我的日常起居。每次我的身体出了什么毛病，先生都会拿出很多时间和精力来照顾我。女儿也是，我生病手术后，她几次在中国和德国之间往返，一直陪在我身边。

正是家人们彼此之间的陪伴和照料，才让我们的伤病得以快速痊愈，身体得以快速恢复，让我能在职场上义无反顾地打拼。

成年人的世界没有容易二字，人在外打拼不容易，会遇到困难，也会有委屈的时刻，会获得成就和光环，也会遭遇伤病和低谷，但有了家人的理解、支持和陪伴，我们走的每一步都更加踏实，家人能让我们的生命更加完整，也能让我们拥有更多前行的力量。

3

爱情是很讲究缘分的,有时候,外在的相貌、家庭条件、出身等都很匹配的人不一定合适,而看起来"门不当户不对"的其实可能是很合适的一对。相互欣赏,取长补短,同甘共苦才能走得长远。

爱情

刘明明和先生、女儿

漂亮不是优点的年代

我的青春期是在 20 世纪 60 年代，在当时的中国，情感教育和性教育是缺失的，男女之间的感情更是被禁止、压抑的。所以，没有人跟我讲过男女之间在生理和情感上的差别，更没有人跟我讲过爱情是怎么回事。我连来例假都是稀里糊涂的，记得那年我刚满 13 岁，有一个周末，我上厕所发现自己的尿是红色的，就大声喊叫着："妈妈，我尿血了。"妈妈听到之后赶紧让我别喊了，因为爷爷和爸爸都在家。那时候的条件不好，女性卫生护理用品并不普及，妈妈只是找了块干净的软布给我垫起来，并给我解释了这是怎么回事。我当时躺在床上哭了很久，心想这也太倒霉了，每个月都得有这么一次，而且来例假的时候我就没办法游泳了，也没办法畅快地玩儿了，这对特别好动的我来说，是一件很犯愁的事儿。

我个头比较高，发育也比较早，十四五岁时，就长得像十七八岁的大孩子了。我们院里有一个大的游泳池，我特别喜欢游泳，蝶泳、仰泳、蛙泳、自由泳我都很擅长，经常有人找我学游泳。那会儿，有一个部队的文工团在我们大院里进行集中排练，住了半年左右。文工团里有一个比我大15岁的男舞蹈演员，他经常让我教他游泳，我自己倒没觉得有什么，只是傻乎乎地教他。后来，有一些邻居反映，他晚上经常站在我家窗外偷看。机关大院很保守，一些好事的邻居觉得，是我招惹人家了。我那会儿长得还算漂亮，但那个年代，长得漂亮并不是优点，而是缺点，他们觉得是因为我太招人了，才惹得那个男演员在我家窗外偷看。

邻居间的传言让我特别反感，大院里的人们相互之间几乎没有什么隐私，那些传言很快就传到了当院领导的爸爸那儿，他把我好一顿批评。更何况，当时文工团的那个人已经30岁了，而我还不到15岁。所以，这件事给我的感受非常不好，也给我留下了一些阴影，让我对男女之事有些反感。

之后，我到内蒙古插队，更没有时间和机会谈感情了，但是我在农村一待就是好几年，眼看着年龄大了，家里人开始操心我的人生大事。

"门不当户不对"的爱情

在我那个年代很少有自由恋爱，大家都比较传统，很多人还都在遵循父母之命、媒妁之言，所以直到24岁，我都没有交过男朋友，更谈不上有什么情感经验。一直到我在长春电校快毕业时，才认识了我现在的先生并开始交往。一开始，我家里并不同意我们在一起，还托舅妈给我介绍了另外一个男孩，那年我已经26岁了，家里认为我到了谈婚论嫁的年纪。

家里介绍的男孩比我大3岁，个子不是很高，但很文静，他是国家恢复高考之后第一批考入大学的，上的是南开大学，而且成为第一批被保送到美国留学的重点培养的人才，他的家人希望在他出国之前把婚姻大事确定下来。他的眼光也很高，见了很多女孩都不满意，但他一见我就很喜欢我。可那时候我已经在和我先生悄悄地谈恋爱了，对这个男孩完全没有感觉。家里安排我们见过几次面，他也来过我家几次，双方家长都很满意，这个男孩也很想跟我在一起，还希望我陪他一起去美国进修，但是我对他没有感觉，也不可能因为可以去美国就放弃真感情。虽然双方家长都希望能在他出国之前把我俩的关系明确下来，但我坚持说不行。我爸妈了解我的脾气，知道强扭的瓜不甜，这事也就不了了之了。

在长春读电校时，我和我先生不是同一个系的，他插队之前在北京的重点中学读书，学习成绩很好，到了电校之后就被选为学习主席。而我是党员，到电校后被选为班长和党小组组长，后来又被选为学生会主席。虽然我俩当时都是学生会的干部，但是没怎么交流过，平时也没什么交集。

我俩这段关系的开始很有戏剧性。当时我在学校比较活跃，跟谁都能打成一片，班里有一个同样来自北京的男生对我有好感，想跟我谈朋友，但是他的性格有些腼腆，同在一个班里，我们的接触并不多，我对他也没有太多的感觉。而我先生虽然长相一般，穿戴也比较随意，但他性格开朗活泼，在学生会活动中比较有组织能力，交友广泛，有股男人气概。

有一个周末，他突然约我，说想找我聊一聊，我爽快赴约了，我们沿着火车轨道边走边聊。这时他才告诉我，他是受我同班的那个男生的委托，来打探我的心意和情感状况，那个男生不好意思直接问我，眼看就快毕业了，想问问我愿不愿意和他交朋友。说实话，我对那个男生压根儿就没有任何想法，倒是在和我先生聊天的过程中，发现他很有趣，我们也很聊得来。当时，班里不少男生女生都已经开始交朋友了，我和班里的几个闺蜜一起聊学校里的男生，她们都看出来同班的那个男生对我有好感，但她们都觉得我先生跟我更合适，他成绩好，在学校也很活跃，为人处世都很成熟。这些话都说在了我的心坎上，我对他挺有好感的。

就这样，临近毕业的时候，这位原本帮着别人保媒拉纤的男生，成了我的男朋友。我父母知道我俩的事情后，坚决反对。在父母看来，我俩的出身太不一样了，他家祖上是满族人，正宗的爱新觉罗氏，而我家是根正苗红的共产党。但这些反而让我感觉更新鲜了，尤其是我第一次去他家的时候。那是我第一次走进北京的传统四合院，四合院的门窗上都有非常精细的木雕图案，院里的老少爷们儿都光着膀子，说一口地道的京腔。我都看傻眼了，特别好奇也感觉很新鲜。而且，我的性格就是这样，家里越反对，我就对这事儿越好奇，越要跟他见面、跟他约会。我先生也无所顾忌，经常在我家门口等着，才不在乎别人的看法。我爸爸和奶奶把这些都看在眼里，虽然不认同，但也拿我没有办法。

我到现在还记得，毕业之后我被分到东北的一个热电厂工作，要坐火车去，我去的时候带了好多东西，吃的、用的、穿的……几乎把一年的生活用品都带上了。我先生送我去车站，他什么行李都不让我拿，连背包也不让我背，就让我空着手，他一个人扛着、拎着。他身上那种有担当、有责任感的男子汉劲儿，我特别喜欢，感觉他很可靠。他为人也很大方，我们每次出去玩儿，他都会带我去我从来没有去过的地方，换着花样带我出去吃饭，也带我去认识他的哥们儿。他带我去了各种胡同，让我见识了北京的另一面，也让我对自己出生长大的这座城市有了更深的认识和了解。这些地方都让我感到很新奇，因为它们和我成长的环境完全不一样。我从小生活在机关大院里，一直都是被保护着的，即使周末去王府井、景山公园等地游玩，也有车接送，我周围的朋友们成长经历跟我相似，生活轨迹大多也是固定的，我对北京和对生活的了解，仅限于我所处的圈层。而我先生的生活环境给了我一种完全不同的感受，每个人都有属于自己的生活，可以去做自己想做的事情。这种新鲜感和自由自在的感觉很吸引我。所以，当时我就坚定了跟他在一起的想法。那种感情很纯粹，至于家里人所说的未来、家庭、经济状况等，我都没有概念。还有一些人提到，他长相一般，比我小一岁，等等，但在我看来这些都是小事情，我更加不在乎了。

其实按照现在的审美，我先生长得并不难看，但在那个年代，用我奶奶的话说，他们家4个男孩，我偏偏挑了长得最难看的那个。但我也不是很在意这些外在的东西，更何况，每个年代的看法和审美都是不一样的。总之，我和他虽然来自不同的家庭、不同的生长环境，但是我从他身上学到了很多不一样的东西，对我来说他的一切都有独特的吸引力，这就足够了。

我们在一起后，我被调回了北京，我先生在东北的电厂又待了一段时间。1977 年，国家恢复高考后，他决定报考北京的大学，因为我回到北京后在农业部电影制片厂工作，对面是北京工业学院，于是他就报考了这所学校。他当时也有赌气的成分，想着，既然我家里不同意我俩在一起，那他就偏要考到我工作单位对面的学校去，方便经常见到我。结果他以优异的成绩顺利考上了北京工业学院，我父母知道这事后说，这小子还真有种！从那以后，家里人就不拦着我俩谈恋爱了，他们知道，学校就在对面，根本拦不住。

他念大学时，是班里年龄比较大的学生。我下了班没事儿就到他们学校去找他，经常在楼下喊他的名字，他在 5 楼上应声，我们就这样你一嗓子我一嗓子地对话，然后他再下楼陪我聊天。现在回想起来，那段恋爱的时光真是单纯又美好。

还有一个小插曲。在电校时，那位喜欢我的腼腆男生虽然没能成为我的男朋友，但我们的关系也不错，后来我给他介绍了一个女孩，那女孩是我妹妹的一个闺蜜，她在学校的时候各方面都很优秀，也是党员干部，而且性格安稳沉静。直觉告诉我，这女孩很适合他，于是我就介绍他俩认识了。

没想到，他俩一见钟情，那个男生觉得这个女孩特别好，他们结婚的时候还特意给我写了信表达感谢。

这么一看，爱情是很讲究缘分的，有时候，外在的相貌、家庭条件、出身等都很匹配的人不一定合适，而看起来"门不当户不对"的其实可能是很合适的一对，谈恋爱时，千万不要过于世俗、势利，也不用过于看重外在的条件。相互欣赏、取长补短、同甘共苦才能走得长远。

小别离

28 岁那年，我们结婚了。婚后，先生继续念书，我还在电影制片厂工作。那个单位很不错，给我分了一个 46 平方米的一室一厅的小公寓，我们在这个小公寓里过起了新婚生活，我女儿就是在那里出生的。结婚的头几年，我俩的感情特别好。

我一直很支持我先生读书。他大学毕业之后又读了硕士研究生，他当时的梦想是当科学家，希望能做科研。他的父亲曾是北京师范大学副校长兼物理系主任，他母亲是一所中学的校长，他们家的整体氛围就是非常重视学习和学术研究，也是这个原因，我俩刚谈恋爱的时候，他家也不同意，因为我在校读书期间的学习成绩不怎么样，非常不符合他家的标准。

结婚后，我全力支持他继续上学，他念书没有收入，就靠我的一份工资养家，女儿出生后，父母每个月也会给我们补贴一些家用。在这个过程中，公婆慢慢发现我其实是一个挺会过日子并且愿意为家庭付出的人，也就开始认可我了。我虽然喜欢打扮，穿得花枝招展的，但我的衣服都是自己做的，我还攒钱买了一台缝纫机，用一些便宜的布料就可以做出款式时髦又新颖的衣服，所以我们一家三口在穿戴上从来没有亏过，我把先生也打扮得很像样。那时候，到了冬天，家家户户都要储存不少大白菜过冬，我先生有时候在学校有事回不来，楼里也没有电梯，我就一个人抱着大白菜，一趟一趟地往4楼搬，我甚至一个人扛着煤气罐爬4楼。这些都让我先生的家人对我刮目相看。

那时，我的工作没有什么压力，我把心思全都放在家里，稍微攒了点钱之后，就给先生买了对我们小家来说很贵的大英词典。我父母给我补贴家用的钱，我也都攒起来，刚有了私人的台式电脑和电话，我立刻就买回来安装上，方便先生学习和联系业务。所有这些我都以先生的需求为重，全力支持他的学业。当然，他对我也很好，当时他出去实习拿到了一点津贴，也舍不得花，都带回来交给我。

不过，生活不能一直这样紧紧巴巴的，我们得想办法增加收入，让我们的孩子过得更好。

我记得有一个周末，我和先生带女儿到颐和园游玩，我们一家三口玩得非常开心，因为经济紧张，一路都没有给女儿买她喜欢的零食和玩具，但女儿也很听话，只是眼巴巴地看了半天，没有为此哭闹。回家的路上，女儿饿了，我们在路边的一个小餐馆吃饭，平时周末我们从来都不舍得在外面吃饭的。那天，我们一家三口只点了一份蛋炒饭，女儿吃得特别开心，高兴得直拍手。我当时就想，我们不能一直这样过日子，我得想办法改变现状。

女儿六七岁的时候，我弟弟和弟妹自费去了德国深造。当时在德国读书，没有昂贵的学费，只需要支付书本费，自理生活费用即可，而且德国治学严谨，学历也广受认可。弟弟和弟妹过去之后感觉学习氛围很不错，便推荐我们也出去留学。

我当时一心扑在小家庭里，全心全意地为我先生的前程考虑。我想着，先生的家庭很重视教育，他的成绩也一直很好，可以在学业上不断深耕；他有梦想，想继续深造、做科研，那我应该无条件地支持他，夫唱妇随、夫荣妻贵，他好我就好，我们的家庭自然就会好。先生硕士毕业后，想继续攻读博士学位，当时如果我们两人都同时自费去德国留学的话，经济负担会很重，于是我就让先生先一步去德国，为我们的以后打好基础。一年多后，先生顺利地获得了留学德国的资格。为了让他顺利出国，我们拿出了全部的积蓄，还向亲戚朋友借了一些钱。先生带着这些钱，坐火车出发去德国了。

那天我去送他，认识他这么多年来，第一次看到他流泪，我也红了眼圈。我明白他的感受，这些年来我们一直在一起，从来没有分开过这么远的距离，如今他一个人要去一个完全陌生的国家生活，他的性格又不像我那样能闯能拼，心理压力之大可想而知。

好在到了德国以后，我弟弟也能照顾他。在学校里完成注册之后，我先生的条件改善了很多，他的导师发现他的数学底子好，还很擅长电脑技术，所以对他格外关注，给了他一份每个月40小时且有补贴的助理工作，这样一来，他生活上基本没有什么负担了，可以专注学习和协助导师做项目。

走出舒适圈

先生出国之后，我的工作和生活发生了天翻地覆的变化。

他出国前，我的生活比较稳定，周一到周五在单位上班，周末去父母家，还会带着毛线，随时给女儿织毛衣、给爸爸织帽子，或者用缝纫机做衣服。我妈妈看我这样，就说："明明，你现在怎么变成这样了？以前敢拼敢闯的那股子劲头哪去了？"

一开始我很不在意，但仔细想了想，觉得妈妈说得有道理，我不能持续这种不求上进的状态。先生出国后，我把女儿放到婆婆家，周末再去接她回来。我婆婆是中学的校长，对孩子教育有方，这方面我很放心。不过，婆婆家住的是老式四合院，旁边就是胡同里的小学校，附近的孩子们都说老北京话，其中免不了会夹杂一些土话、脏话，女儿有时候也会跟着学。我女儿刚从机关大院换到奶奶家住时，很不适应，经常哭闹，我也没有别的办法，只能狠狠心，让她自己去慢慢适应新的环境。

安排好了女儿，我就全力开始我的另一段职场生涯了，辞去了机关的工作，下海去了海淀区的电子一条街谋求新的出路。当时我想，要把先生出国前欠的债还上，下一步我也要出国，到外面见见世面，还要让女儿过上更好的生活。

在电子一条街工作，没有人会在意我的出身，也没有人因为我爸爸的职务而对我另眼相看。这里只看能力、看业绩、看你的工作做得好不好。我喜欢这样的环境，在那里可谓如鱼得水，那两三年里，我干得特别起劲，每次周末到婆婆家接女儿的时候，他们都说我的变化很大，变得更有朝气和激情了，整个人的状态都很好。

他的语气变了

先生出国之后,我们约定好要定期互相写信,我每周都会收到他的信。一开始,他什么都会跟我说,他把自己在学校里、生活中发生的事情都写在信里跟我分享。我们原本计划,他先去德国打好基础,之后我再过去。后来,不记得从什么时候开始,他信中的语气就不一样了,不再跟我分享他在德国的生活了,说得更多的是他在那边生活很不容易,还劝我,我现在的工作很好,职位和收入都很高,既能照顾女儿还能补贴家用,让我不要去德国了,而且他还承诺可以每个月再多给我寄一些钱,这样我和女儿在北京能有更好的生活。总之,话里话外的意思就是让我放弃带着女儿去德国的计划。前后有一年多的时间,他都是这样的说法,但我当时并没有多想。

两年后,我弟弟回国探亲,悄悄地告诉我,我先生在外面有情况了。弟弟先和父母说了这件事,全家人统一意见之后才告诉我的。我妈恨铁不成钢地说我傻、愚昧,天天把我先生当宝贝似的供着，做什么事都把他放在第一位，什么都以他为先。

弟弟的话对我来说无疑是晴天霹雳。一直以来，我觉得我和我先生是一体的，他过得好，我自然也就好，我把所有的心思都放在他和我们的小家庭上，我信任他，依赖他，也依赖我们的小家。可是，怎么会这样呢？这样的事情怎么会发生在我身上？接下来的几个月，我的心情跌到了谷底，工作也时常分心。有一次我从幼儿园接了女儿回家，我们在天安门广场漫步，看着熙熙攘攘的行人，我的心里非常绝望，不知道自己的出路在哪里，简直像天塌了一样。

爸爸妈妈让我回去跟他们一起住，并不断安慰我："明明，你是一个能力很强的人，你可以自立自强，可以不依附于别人生活。"一开始，我总是哭，想把所有的委屈都发泄出来，突然有一天，我想明白了。我还是应该靠自己，以前那种"他好我自然就好"的心态该丢掉了，我也有我的梦想，我应该先成就自己，我有能力、有闯劲儿，也不怕吃苦，我想做、能做的事情还有很多！我一直想出国，想去更远的地方，想看外面的世界。他不让我去，但他说了不算呀，他越不让我去，我就越要去。

从现在开始，我的人生由我自己做主。

爸爸妈妈特别支持我，还劝我出去之后一定要好好学习，不要一味地和我先生就这件事吵架,要先了解他的心理状况,听听他是怎么解释的,况且他一个人在国外也承受着很大的压力,两个人应该相互有个照应。我为我有这么通情达理的父母而骄傲,但我也下定了决心,今后无论如何,我都要靠自己了,独立自强,开启人生的新篇章。

38 岁的我也要出国留学

当时我弟弟也非常支持我出国，还帮我办理护照、申请签证。一切准备妥当之后，我告诉先生，我马上要去德国了，其他的我什么都没说，他也没问，但他应该已经猜到了什么。他看我决心已定，也就没说什么，而是去给我办理到德国的后期手续。

38 岁那年，我告别了父母和女儿，从北京坐火车前往德国，即将开启新的路程、新的生活。7 天后，我到达柏林火车站，我先生开着一辆小破车去接我，然后带我去了他当时寄住的德国家庭，那里的条件很一般。我了解他，他有能力做学术、做科学研究，但在外面闯世界就差了一点。他住的环境让我心里有种说不出的难受。我们没有就那件事情多谈什么，我只说："我来了，我在你身边就好了，我可以照顾你了。"在国内那么多年，他也习惯有我照顾了，出国这一年半，他的学习、工作、生活都得靠自己，我到德国看到了他的现状，也就理解了他的不容易。

但这时候我心里很坚定的一点就是，我来了德国，不能依靠他而生活，从今以后我一定要靠自己，我要先念书学习，不管是语言还是技能都要从头学起，之后我还要靠自己在德国生活，独立自主。他一听说我要上学，先愣了一下，然后说，他的导师给了他一些钱，够我们两人日常生活用的，这儿的房租也不贵，我可以先在家待着。我没同意，我的想法很坚定，我一定要念书。这么多年，我全力支持他读书，现在轮到他支持我继续学习了。他看到我的想法明确而坚决，也就同意了。

其实我心里明白，如果我不继续学习，那么我和他的知识储备、学习能力、事业、收入，进而到见识、观念、认知等，都会有越来越大的差距，这样的话，未来我们很难携手走下去。我不甘心被他甩在身后，也不能接受长期跟他不在一个频道上，两个人在一起生活连话都说不到一起去，怎么可能会有美好的未来呢？

我出国前在中关村的电子一条街工作，收入不错，自己也存了一笔钱，我把这笔钱一起带到了德国，让他带我找了家银行存了下来。他看到数目的时候吃了一惊，没想到我为了出国留学居然自己省吃俭用存了这么多钱。对这笔钱，我心里有数，它很可能会在我有急用的时候帮到我，而且我刚到德国，要花钱的地方不少，有了这笔钱，至少不会让我生活得太窘迫。

刘明明与先生在德国的家里招待朋友

之后，我就定期去上课学习德语，同时还打零工，并在40岁时考取了驾照，迅速适应了德国的生活。就这样，我俩一边学习一边工作，一段时间下来也略有积蓄，我们就考虑把女儿接过来。当时我们的生活过得还不错，女儿到德国后，我们一家三口总算相聚在一起了。我和先生互相扶持着，也没觉得生活有多辛苦，但是，我明显感觉他对我和以前在国内生活时不太一样了。我想，可能是我到了德国之后一直在做一些零碎的工作，不管是在餐厅、酒店打工，还是在展览馆做艺术品管理，这些都不是正式的工作，而且我的学历在德国也不被认可，我当时已经40岁了，这些都让他感觉背负着巨大的压力，如果我们一家三口想在德国好好生活，只能指望他毕业之后找到好的工作。我也能明显感觉到，他心里或多或少觉得我是个负担，如果我在国内继续工作、照顾女儿，他在德国的压力要小很多，但我什么都没说，只是在心里暗暗地跟自己说，我一定会想办法创造属于自己的一片天地，所以我一有时间就会和德国本地人多接触，尽可能地了解他们，融入当地的社会，寻求新的发展机会。

那段时间我俩之间的沟通比较少，他对我的关心也少了。以前在国内，我牙疼或是生病了，爸妈都会照顾我，可是在德国，先生根本顾不上我，我得自己处理所有事情，这让我心里很不是滋味。现在想来，其实还是因为他承受的压力太大了。他博士在读的时候，导师给他推荐了一个机会，是给一家很不错的计算机公司做新项目，给的薪水也很高。他跟我商量要不要中断学业去这家公司入职，我说："你要看能从中获得什么，如果你觉得做项目有意思，能得到提升，就不用在意学校的文凭。"他很想做那个项目，而且他也想提高收入改变我们的生活条件。于是他选择了那家公司，公司对他很器重，他的职位和薪资都不错。之后，我们的生活得到了较大的改善，他身负的压力也小了很多，我们之间的关系也就慢慢地改善了。

刘明明与先生在德国大学的周末聚会上跳舞

  但是我没有忘记自己来德国的初心，我希望找一份可以发挥自身价值的工作。一开始他担心我没有像样的学历，找工作可能不太顺利，但我想试试，他也就无条件地支持了。后来，我看到中国改革开放带来的新机会，决定回国发展。我在德国很难发挥出自己真正的能力，也不愿意一直被人歧视，被人当成二等公民，我希望活得有尊严。当时我43岁了，想回到国内，加入改革开放的大潮中，找到适合的工作，发挥我的特长，实现自我成长，他同意了。我们商量之后达成共识，我先回中国发展事业，女儿留在德国继续学习，他在德国一边工作一边带女儿。

两个国度，两个世界

后来我入职了一家中德合资企业，一个人回到了中国，去了云南一个偏远的县城。当时很多一起出国留学的朋友都不理解我的选择，但关于这件事，我和先生是有共识的，首先，能够出国念书、工作，对我们来说都是机会，我先生那时的工作已经很稳定了，我完全可以在德国待下来，但如果我回到中国，我们就相当于有了两个世界，我们的视野也就变大了，这一点非常重要。我们面对两个不同的世界，不同的文化和发展节奏，开拓事业的机会也就更多了，我们就拥有了更多的可能性。

还有很重要的一点是，我是个外国人，德语不是我的母语，但我的强项是和语言相关的，我在德国没法得到更好的发挥，只能做一些零碎的工作。德国人到中国去投资开发，需要有熟悉两国语言和文化的人去帮他们打开中国市场。这些都是我的强项，我能够充分发挥作用，也能够迅速地成长。

从这两个角度看当时的情况，我先生非常理解也很支持我的决定，这让我回国的决心更加坚定了。我们两人在两个不同的国度，各自追求梦想，在各自擅长的领域打拼，共同面对两个世界，这种感觉非常好，好像又回到了我们刚结婚的时候。

到云南之后，我的工作越做越顺手，但我先生对我的具体工作内容并不了解。有一次我回德国公司开会，有一个国内的电话打到家里来，电话那头的人称呼我"刘科长"，先生听到这个称呼后很不理解，说我不远万里跑到云南去工作，地方偏僻，生活又非常辛苦，却只当了个小科长，值得吗？我对这些职级无所谓，只是觉得那份工作需要我，那个地方也需要我，我能发挥不少作用，成为公司对外的桥梁，帮助双方沟通、解决问题，这份工作就是有价值、有意义的，而称呼是什么、别人怎么看我，我真的无所谓，我心里没有太多顾虑。

后来，我当上了公司的总经理，他也不知道。又有一次我回到德国总部落实一些工作，当时我人还没到德国，国内就有个传真就发到家里了，传真上对我的称呼是"刘总"。在德国的职场上是没有"某总"这个叫法的，先生到机场接到我之后，马上告诉我，家里收到一个传真，是给"刘总"的，应该是别人发错了。我笑着说"刘总"就是我啊，然后跟他解释我现在是公司的总经理。他感到很震惊，问我什么时候又成公司的总经理了,这事儿也成了我们家的一个小笑话。而先生了解到我的工作之后,开始发自内心地欣赏我,还说为我感到自豪。

刘明明担任合资厂的总经理期间,回德国总部开会。她和先生与曾给她提供帮助的技术专家一起出游

其实对我来说,不管担任的职务是翻译、科长,还是总经理,这些头衔都不重要,我只希望能好好工作,既不辜负德方公司对我的信任,也不辜负中方公司给我的机会,能发挥自己的作用,并能在工作中得到历练和提升。

那真是一段美好的岁月,我们都在各自的岗位上拼搏着、奋斗着,为了我们的家庭,也为了实现自己的人生理想和自我价值。

婚姻危机

之后,随着我在公司的职位越来越高,工作也越来越忙,我和先生的关系又开始变得微妙了。一方面是因为我们聚少离多,他和女儿在德国生活,而我长期在中国工作,很多事情无法及时沟通、随时交流。另一方面,我的工作压力很大,有时候脾气不太好,不可避免地会把工作中的情绪带回家里。我在公司管理很多人,收入也比先生高出了很多,难得回到德国的家里,却会在不经意间流露出工作中的强势,久而久之,他的感受也很不好。他虽然没说过什么,但女儿感觉出来了,女儿对我说:"妈妈你要对爸爸好一点,你平时总不在家,是爸爸一个人在照顾我的生活和学习,他还要工作,真的很不容易,你要多理解他。"

女儿的话让我意识到,我和先生之间的沟通确实太少了,我们对彼此的生活和工作状态也不是很了解。我在云南的 5 年,他也没有时间回国到我工作的地方去看我,我在北京当首席代表的那 4 年,他同样没去看过,我女儿回来北京看到我的工作状态，回去跟我先生说我的工作如何如何好，男人的自尊心让他有一种强烈的心理落差，当时，他从心底里很难接受我的事业比他好这么多。而且，在德国，我女儿的家长会都是我先生去参加的，女儿的同学和老师们议论纷纷，问孩子的妈妈为什么不参加，了解到我是忙于工作之后，仍然是不理解的声音，身边的舆论也给了我先生很大的压力。在德国，大部分的德国女性生完孩子之后都是在家全职带孩子，再加上，可能是由于我平时穿衣打扮比较时尚，又长期独自在国内工作，很多人都以为我是单身，当时还有个德国人毫不避讳地追求我，他甚至直接跑到我家给我送鲜花。这些事情都让我先生很不高兴，也承受了许多压力，为此他还独自去咨询了心理医生，我无意中翻到家里的一些单据才知道这件事。心理医生开导他，要接受他的妻子比他强这个事实，要有一个平衡、健康的心理状态。

后来有一次，我先生甚至跟我提出了离婚，没想到女儿说，如果我和我先生离婚分开了，她会选择跟爸爸一起住。我问她为什么，她说："爸爸一直辛苦地照顾我，几乎把工作以外的所有时间和精力都给我了，比起你，爸爸更需要我。"女儿的话强烈地触动了我，我回想起和先生从相识到相爱，又一路走到现在的历程。我们不顾两边父母的反对，坚持要在一起的时候，我们的感情那么纯粹和坚定。之后，我们又共同经历了这么多事,相互依靠、扶持了这么多年,从中国到德国,从两个人到三口之家,每一步都很不容易,虽然现在长期两地分居,但我们之间其实没有原则性的矛盾。这么一想我就想明白了。在他提出离婚的时候,我问他:"你真的想离婚、想分开吗?"他考虑了一下说:"我内心也不想离,但是你现在发展得这么好,我担心你跟着我受委屈。"

刘明明与先生一起打台球

知道了他的想法后,我们就平心静气地坐下来认真聊了这件事情,既然我们都不想分开,那就要好好经营我们的婚姻和家庭,找到我们之间存在的问题,尝试着一起去解决它。从那时候起,我俩有了共识,就是必须经常沟通,因为我们都发现,相互之间的沟通少了,必然会出这样那样的问题。

之后，我每次回德国，我俩都会出去找个环境宜人、让人心情放松的地方，认真地沟通、交流彼此的近况，无论是生活上的事情，还是工作上的问题，都敞开心扉好好聊一聊。事实证明，这个方法非常有效。我先生原本是比较大男子主义的人，我们进行了几次深入的沟通后，通过对彼此工作和生活的了解，他也不再排斥我身上的"女强人"标签了，开始越来越欣赏我，也在情感上给予我支持，这是他迈出的第一步。他之前还有一种跟我较劲的心理，老想着跟我一比高下，一定要比我强，后来他也慢慢地调整好了心态，并接受了我的职位和收入都比他高的事实。他看着我的时候，那种欣赏和喜爱的眼神又回来了，而且我回到家以后他也对我格外体贴和关心。他的这些变化我都明显地感受到了，而我也努力地做出了改变，回到家后，我也尽量把在公司做管理者的姿态收起来，当我工作中遇到了烦心事也主动征求他的意见。就这样，我们之间的婚姻危机慢慢消除了。

重新习惯对方

2002 年,我们公司在上海设立总部,在原来仅有的代表处的基础上,增设了销售部、工程部、设计部和工厂。我也从北京调到上海。次年,我被任命为公司的中国区总裁,当时我 52 岁。

2003 年圣诞节,我回到德国探亲,发现我先生特别沉闷,情绪很低落。了解之后我才知道,他和工作多年的公司解除合约了,因为当时他已经超过 50 岁,对一家以技术为核心的计算机软件公司来说,软件工程师是需要不断更新迭代的,公司需要定期输入新鲜的血液,尤其是,我先生当时负责的项目是法兰克福一个知名交易中心的整体系统维护,这是一个很重要的项目。随着年龄增大,他的体力和精力都有些跟不上,所以他们公司就换了年轻的人来接管项目。

先生突然离开了熟悉的工作岗位,巨大的心理落差和失落感让他一时难以释怀。当时,我和女儿安慰他,说我的收入维持整个家庭是没有任何问题和负担的,让他不用太焦虑,可以先休息一段时间，想想接下来能做些什么。

虽然年过半百，但我先生丝毫没有就此退休的意思，他了解到，德国有一个促进个人再创业的基金项目，如果想创业，可以先去那里的进修班学习，之后再决定自己的创业方向。我先生想做机械贸易，把德国先进的机械设备输入中国，于是他去进修班把相关的知识系统地梳理了一遍，之后回国，在上海注册了一家公司，做技术、机械贸易相关的业务。我和女儿都很支持他的想法，女儿当时已经上大学去住校了，完全可以独立生活了，先生也可以放心地发展他的事业。就这样，他也回到了中国，在 51 岁这年开始了他的创业之路。

在他回国前，我们俩已经有好多年没有长时间在一起生活了。这次重新住到一起，两人一开始都有些不习惯，我偶尔还是会把工作中的强势作风带回家，而他在国外待了很多年，做人做事的方式已经完全西化了，刚回到中国时他也很不适应，出去谈项目经常会碰钉子。这种时候，我就会以大多数中国人惯用的思考角度跟他讲道理，但可能又习惯性地像公司领导发表讲话那样，让他觉得有压迫感。在我看来，他和中国市场脱节，不接地气，还缺乏耐心。一来二去，我俩都有些不舒服。

后来，我和几个闺蜜聚会时，她们说我经常会对我先生不耐烦，脾气有些大，让我收敛一些，我自己却没有意识到。

之后，我认真地反思了一下，发现自己确实有一些毛病，所以我又主动找我先生聊了聊，向他说明，我的情绪波动可能和更年期有很大关系，而且我当时正处在事业上升期，刚升至整个中国区的总裁，要带领一帮人开拓市场，压力太大，所以有时候会控制不住地发脾气，但其实并不是针对他的，还请他多多包容。聊完之后他也就理解了，我们又开始一点点地磨合。磨合的过程中他对我很包容，我发脾气的时候他

刘明明与先生，在国内重新团聚，一起打拼事业

会等我先冷静下来，更不会跟我吵架。就这样，我们在一次又一次的沟通中，互相了解、互相走近，关系变得越来越亲密。而先生通过和我的紧密沟通，也在不断反省自己，学着用更适合中国人的方式与人相处，渐渐地，他公司的业务越来越好，慢慢打开了更大的市场。

女儿那时一个人在德国上大学，一开始很担心我和她爸爸的关系，因为她知道我们很久没有长期生活在一起了，怕我们有矛盾、会吵架，经常给我们打电话，每次只要是我接电话，她第一句话就是，我爸爸在旁边吗？后来发现我们的关系越来越亲密，她也就放心了。

在这个过程中，我也慢慢调整自己的脾气和心态，随着职务不断升高，我接触了不同层次的人，以前靠发脾气解决问题的那一套不管用了。以前在工厂，遇到问题跟工人发火了，我有时还会拍桌子，但现在不能用这样的方式沟通和解决问题了。我也在持续不断地学习，并抽空读了EMBA，学习企业管理，不断提高自己的能力和职业修养，遇到事情的时候保持冷静克制，以理服人、尊重别人。这些不但有益于在职场发展，更有益于我的家庭和人际关系的维护。

而且，经历了几次大的病痛，我更加明白了家人的重要性。无论是受伤还是手术，先生和女儿都会义无反顾地陪在我身边。在我遭受严重的骨折时，先生的公司正值上升期，也是最需要他的时候，但他毅然把工作放在一边，全心全意地陪着我、照顾我。

两地分居、争吵、沟通、重新在一起生活、伤病时的陪伴……这些都让我们的感情变得更加亲密和坚固。我感动于他的不离不弃和独自照顾女儿的辛苦，他也理解我工作上的不易和压力，两人相互扶持，携手向前，越来越离不开对方了。我加班做 PPT，他陪着我一起熬夜；我的电脑出现故障了，他也会及时帮我修理；采购生活用品、做饭等家务也是他承担得多一些。我先生的性格内向，平时社交比较少。我不希望他老待在家里盯着电脑，那样对身体不好，我希望他多和外界接触，多交一些朋友，丰富业余生活，所以我出去和朋友聚会时都会带上他。一开始他有点抗拒，后来逐渐就适应了，也融进了我的朋友圈。我先生现在不但很欣赏我、支持我，而且经常在亲朋好友面前夸赞我。熟悉我的朋友都知道，我们夫妻俩总是共同参加朋友聚会。

2021 年，我开启了人生的新赛道，加入了"时尚奶奶团"，开始进入互联网领域，运营自己的抖音、微信视频号等自媒体账号。起初我不太会使用移动端设备，也不了解互联网自媒体，先生就帮我一起查，学习如何发视频、回复网友评论等。我拍短视频，他就购买各种直播设备，然后自学操作，

刘明明与先生的居家日常

还越用越上瘾，主动要求给我拍视频、录直播，每给我做完一个视频，他都特别有成就感。现在，我们变成妇唱夫随了，他也完全不再有任何顾虑和芥蒂，我们互相尊重，互相成就。

一路走来，我的爱情和婚姻并非一帆风顺，和先生的感情也有过裂痕，但几十年的婚姻让我深刻体会到，女性首先要有自己的事业，要自立自强，不能成为男人的附属品，更不能成为他们的负担。如果我们把家庭和生活的压力都放在男人身上，他就想跑得远远的，两人之间的感情也会出现各种各样的问题。只有我们自己足够强大，才能从容地应对婚姻中的各种问题，也不必担心身边的男人会变心，只要你够优秀，他就会发现你的魅力，会欣赏你，也会全力支持你。而且，如果感情和婚姻出现了危机，两人一定要多多沟通，了解彼此最真实的想法和感受，有问题就解决，不要轻易地赌气说分手或者离婚。好的感情和婚姻，是需要两人一起用心经营的，只要两人的方向和步调一致，婚姻一定会越来越美满的。

4

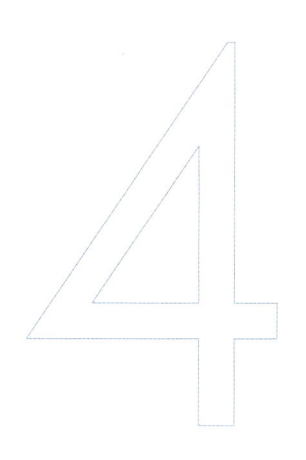

一个人,只要你不觉得自己老了、朽了、该享受了,只要你还愿意学习,那么,你就能继续工作,与时俱进,继续为社会发展创造价值。

职场

刘明明在福伊特北京代表处担任首席代表

上山下乡

15岁那年,我响应国家上山下乡的号召,去内蒙古突泉县插队,后来被提拔到公社,再到县里,在县文化馆工作组工作了两年。当时我才20岁,领导安排什么工作我就认真地做什么工作,所以对那一段经历没有太深刻的印象。只记得我大多数时候是跟着工作组去县城的各个机关或各个工厂、公社,给大家宣讲当时的政策。工作组的领导觉得我的性格比较活泼、大方,所以也愿意给我机会。

22岁那年,我作为工农兵学员被推荐去上了中专,毕业之后被分到了东北地区的一家热电厂工作,一开始是在车间当技工,后来热电厂领导就让我负责党小组的工作,并担任了车间副主任。

在热电厂的那两年,我主要是在仪表车间维修仪表,每天要去车间走一圈,检测仪表有没有问题,如果仪表不灵敏了,就拿回校对室进行校对。这项工作经常需要爬上爬下,比较适合身体灵巧的女同志,我年轻,动作又利索,干得很好。此外，厂里定期要组织党会，宣传、学习、读报纸，这些工作都由我负责，很快就被提拔为车间副主任。

两年之后，我被调回北京，进入了农业部下属的中国农业电影制片厂，在那儿工作了三年左右。那段时期，我结婚、生女，人生的重心都放在婚姻和家庭上，而且那份工作相对轻松，我没有做出什么出色的业绩。女儿稍微大一点之后，我就下海去了海淀区中关村的电子一条街上一家售卖计算机的公司工作，那两年我的工作做得风生水起，直到38岁出国。

在我出国之前的这些年里，我的工作经历零零碎碎的，在几个地方待的时间都不长，其中，我印象比较深的，是插队时被选拔进工作组的经历。

我刚满18岁就入了党，然后被提拔为公社妇联副主任，再被选入县里的工作组，日常的主要工作是去各个公社宣讲党的政策。当时插队的地方交通落后，我一般是坐马车或者骑马出行，先坐着马车去公社，再去各个生产队，了解贫困户的需求。如果距离不远，我就自己走路过去。记得有一个晚上，我独自走在路上，碰到了公社工作组的负责人，当时已经很晚了，他看到我一个女同志还要赶往下一个生产队去开会，夸我工作认真负责、不怕吃苦。

那段时间，我经常一个人到各个农户家里去了解情况，农户们会向我反映各自家里的问题，比如有的人家里的粮食或养的鸡鸭被偷了，有的人家里条件特别困难需要补助……我把这些问题收集起来带回公社，跟领导、队长一起开会，讨论解决方案。这些工作对我来说都是很好的锻炼。我经常要换地方工作，有时候一个星期就要换一次，这就要求我要学会迅速适应不同的新环境。每次开会的时候，我也要把收集到的问题在会上讲清楚、说明白，还要思考怎样表述能够说服别人，这些都极大地提高了我的表达能力。多年后我再回想，不管是回到北京工作，还是去德国留学、打工，我都能迅速适应任何一个新环境，其实和我当年下乡的这段经历是分不开的。

所以，人生中的很多事情，都有其两面性，虽然我当时在应该读书学习的年纪没有机会在学校好好读书，而是到了农村，但它让我得到了更多的磨炼，让我有机会在不同的环境里生活，接触了不同的人，面对各种艰苦的条件和复杂的状况。社会的大环境极大地锻炼了我，激发出我顽强的生命力。这是那个年代赋予我的能量，对我往后的人生，是一个非常重要的新的启蒙。

创新、开拓是我的强项

出国前在电子一条街工作的那段经历让我印象深刻。那年我快 35 岁了，很多公司不再招聘我那个年龄段的女员工了，但我没有放弃，我喜欢那里朝气蓬勃的工作氛围，一台台崭新、先进的电脑和打印机，对我有种强烈的吸引力，我似乎预感到它们和我们未来的生活是息息相关的，而且我喜欢那种工作时忙忙碌碌的场面，我热切地希望能投身其中，成为他们的一员。

我去应聘，一开始因为年龄大我遭到了拒绝，但最后我的执着让我赢得了工作机会，我在电子一条街开始了新的旅程。加入那家计算机销售公司之后，我从零开始学习怎么使用电脑、打印机等，再了解销售的工作流程，包括跟踪供货等，逐渐地，我做得越来越得心应手。

后来我跳槽去了另外一家规模稍小的公司，这时候我对计算机销售业务已经很熟悉了，业绩也很好。"高龄"的我成了那条街上一道亮丽的风景线，因为我爱美、会打扮，加上我个子高,在人群里比较扎眼,所以大家都认识我,有些同行还叫我"大姐大"。这份工作让我增加了自信和成就感。

这个时期的销售工作让我接触到了各种类型的人,我学会了倾听,通过倾听了解客户的需求,从而迅速判断我应该为客户推荐什么样的产品。而且,当时能够买得起电脑、打印机等设备的,通常都是大企业或者处于高新行业的群体,我也就有了更多机会可以接触到更高层次的人。在和他们沟通交流的过程中,我个人也得到了很多提升。这份工作还要求我不断地学习新的东西,了解最新的设备和技术。在这样不断的学习和进步中,我的业绩越来越好,人也更加自信了,这对我的成长非常重要。

不想做"二等公民"

出国前,我在那家公司做得非常好了,工作能力突出,薪资待遇很好,工作也得到公司和领导的认可,一切都很顺利。但到了德国,突然变成了底层的打工人,还经常被人瞧不起,没有类似经历的人可能无法理解那种巨大的心理落差。但是,我心里就是不服气,我暗暗地给自己定了目标,锚定这个目标然后不断努力。我想,既然来到了德国,就要充分利用机会多学习新的东西,包括这里的语言、文化和先进技术,学成之后我还是要回到中国的,要回祖国去发挥作用,开拓自己的事业。其实在我出国前,出于一种女性的直觉,我已经感受到了中国改革开放带来的影响,那种海纳百川的气概,那种求新若渴的热望,让我每次想起来都会心潮澎湃,我一定会回到中国去发光发热的。

现在,我既然来了德国,就必须抓紧时机先学习语言和技能。于是,我尝试着做了很多不同的工作,餐厅服务员、酒店服务员、展览馆的展品维护和讲解员、办公室制图员等。

可以说，我通过不同的工作了解了德国不同阶层的人。

有一段时间，我在一家公司做清洁工，每天下午 4 点到他们的办公楼里去收垃圾、收废纸、打扫、吸尘、擦桌子等。有些员工知道我是中国留学生后，很愿意跟我聊天，因为他们中的大部分人对中国都不了解，有好奇心，想了解中国的发展现状，他们是以比较平等的姿态对待我的，也没有因为我的工作而看不起我。这段工作经历也给了我一些启发，等我打算回到中国的时候，已经有了明确的目标，就是要找到那些想进驻中国的德国企业，帮助他们打开中国市场，也让中国尽快地接收到欧洲的先进技术，这是个双赢的好事情。但是，怎样才能知道哪些德国企业想要到中国发展呢？这是个难题，那个年代没有现如今发达的网络通信技术，不像现在这样，上网就可以查找到自己需要的信息和资料。我当时了解到，德国的某个政府部门专门负责监管企业，并收录了德国各类企业的详细资料，于是我就找到了那里的负责人，把我的想法告诉他。同时，我也告诉他中国如今处于什么样的发展态势，有怎样的大好机会，德国企业需要我的帮助，等等。一开始他看我只是个留学生，工作经历也比较零碎，直接把我拒绝了。但我不服输的劲儿又上来了，一心想着，我的思路和方向是对的，我一定要把这件事情做成。

于是，在我几次三番的执着要求后，他被我打动了，并且他也明白，我要做的是一件对中国企业和德国企业都有利的事情，于是答应了我的请求，就这样，我顺利拿到了一份收录了197家打算进入中国市场的德国中小型企业的名录。

我记得临走时，那位男士握着我的手对我说，他很感动，很欣赏中国女性的坚持和韧性，还祝我好运。那一刻我也很受触动，觉得自己的努力总算没有白费，而且我的行为得到了德国人的理解和尊重，多少冲淡了我此前被一些德国人看不起的委屈。

43 岁，从德国到云南的建水县

通过这份名录，我联系到了一家德国公司，他们计划和中国的知名卷烟企业合作建厂，厂址在云南省建水县。建水是个贫困县，由于位置偏远，很难招到合适的人，收到我的求职信后，企业的负责人先和我电话沟通了 30 多分钟，并表示他们正要去中国谈判，谈判结束之后回到德国法兰克福时，希望我能去机场接一下他们，然后与我面谈。我同意了，我想他们首先通过电话了解了我的语言能力，电话中沟通顺畅，才约我见面谈，我应该是过了第一关。

到了约定去机场接他们的当天，天气很恶劣，下着大雪，他们落地的时候是凌晨 5 点，我一个人开车去了法兰克福机场，我先生担心我的安全，要陪我去，但我一想，这是工作面试，让先生陪着算什么事？而且只有一台车，人多了也太不方便，所以我坚持自己一个人连夜开车去了机场。

我原本计划凌晨 3 点从家出发，但那天雪很大，我怕路况不好，夜里 12 点就出发了。我一个人开着车在路上，雪越下越大，挡风玻璃被雪盖得严严实实的，路上一辆车都没有，我还记得当时车里的收音机在播放交通路况，说突降暴雪，建议大家都不要外出。我那时胆子很大，开的是一辆手动挡的旧车，在路上一点点地挪动着，开得很慢，两个半小时的车程我开了四个半小时，到机场的时候将近5点了，我在车里休息了一下，就进到机场大厅去等他们。他们落地之后，看到我一个女同志在那儿等着，十分惊讶，他们出发前听说当天的天气状况很恶劣，还以为我不会如约去接他们了。这事给他们留下了非常深刻的印象。

我把他们送到公司后，就被他们引荐给了公司的人事部，然后又由副总裁跟我面试详谈。结束前他说，一周后要举办一个中德大论坛，希望我能参加。听到这个消息我很高兴，因为这个中德论坛就是在中德两国之间架起桥梁，给两国的企业提供一个对话和深入了解的平台，这和我想要做的事情不谋而合，而且我正好可以借助这次机会更好地了解有关中德合作的形式及需求。

参加中德论坛，也就成了我面试的第二关。

去参加中德会议，我既紧张又满怀期待，还特地去买了一套打折的新套装。在这次会议上，中方的代表团非常渴望能够促成合作，他们多方寻找对接的人，我作为中国人，理所当然要帮他们张罗。公司的副总裁则在暗暗地观察我，当然，我同时也帮助不少德国公司介绍对口的企业，我熟练地使用德语和中文，英文水平也尚可，正好有机会让我发挥作用，还能帮助中国企业。

德方参会的最高层是德国的经济部长。中方的最高层出席了两天的会议，闭幕前他上台发表了讲话，着重讲到要支持在中国发展的德国中小型企业。德国的经济部长也承诺，在贷款、政策等方面都会对中小型企业予以支持。当时坐在我旁边的公司副总裁听完这话之后就在台下嘀咕，说这次公司到中国要办合资厂，申请了一笔贷款总是批不下来。我马上建议他，现在就是很好的机会，可以把这个问题向相关高层反映，但他说反映了也没用。稍后，经济部长讲完话从台上下来，就被一群记者围住了。媒体采访完，经济部长刚要走，我就钻了个空子跑到了部长的面前，保安正要拦我，但是部长看到我是中国面孔，就示意保安别拦。

于是我对部长说："非常感谢您的发言，您刚才在会上说德国经济部会支持德国的中小企业到中国发展，我们公司目前正准备在中国建合资厂，急需要一笔贷款，但怎么也批不下来，很耽误整体的进度。"说完之后我请旁边的副总裁详细讲了具体需求，副总裁一时没有反应过来，特别紧张，脸都涨红了，但他很快调整了情绪，向经济部长介绍了公司贷款的需求。经济部长听完之后，马上就安排下面的人做了记录，表示会安排跟踪。我为了让这件事情能继续推进，就礼貌地请求他跟我们一起拍张合影，部长非常爽快地答应了，并且让我站在中间的位置，他说，因为我是女士，而且是一位勇敢的女士。就这样，我们拍下了一张三人合照，我站在中间，两边分别是当时的德国经济部长和我们公司的副总裁。

刘明明（中）参加中德论坛的合影

事后，德国的经济部长依照承诺亲自关照，他安排的工作人员很快就与我们公司对接上了，把这笔贷款落实了。

那天会议结束后，我的任务也就完成了，我就开车直接回家了，因为我当时还不是公司的员工，只是临时去帮忙的。我后来听说，公司副总裁拿着我们三个人的合影对公司的人说，这位中国女士很厉害，让他大开眼界。之后没多久，我就接到公司通知，要我跟着他们的代表团一起到中国进行深度谈判。期间他们没有提及劳务合同相关的事，我也没有主动提起。对这件事我想得比较开，我认为有些事情不必太过计较，能得到锻炼和学习的机会，可以提升自己，比金钱更重要。丰富的经历是无价之宝。当然，这也是出于我对他们的信任，以及对我自己能力的自信。

刘明明（右二）刚到合资厂工作，担任翻译、人事科科长

公司给我买了去中国云南昆明（经香港）的机票，那是我人生中第一次坐飞机，也是我出国5年后第一次回到国内，我既兴奋又自豪。为了这次谈判，公司还聘请了德国一家很知名的咨询公司一同参与，而中方的红塔集团也出动了中高层参与谈判。整个谈判都比较顺利，条款都基本达成一致了，

确定了双方的出资比例和人员分配。当时约定，合资公司用德方的技术和管理经验，董事长、副总经理由中方出任，总经理和技术总监由德方出任，其他的主要部门都由中方负责。德方公司提出，要多委派一名德方的人负责人事和会计，以便了解公司的财务状况，这个人选就是我。

我当时留着披肩长发、带着大耳环，打扮得比较时髦，而云南当地人都比较朴实，中方的人一看我当时的模样，就质疑我的能力，怀疑我能否在偏远的云南建水县长期待下去，也不太认可我，认为我只能当个翻译。德方原本想要据理力争，希望我担任副总，监管会计、财务、人事的工作，但我对他们说，我可以先从翻译做起，我会在之后的工作中向对方证明我的能力。

谈判结束后，德国公司就准备回去重新安排人手过来，因为只有一个技术总监是远远不够的。这时候我就提出，我先不回去了，既然中方目前不认可我，那我就先留下来，充分了解这个地方和这里的工作。在此之前我从来没到过云南，也没接触过中外合资企业的运作模式，更不了解红塔集团。

于是，接下来的三个星期，我就独自在云南待下来了，到红塔集团去了解他们的业务，去厂里了解卷烟纸的技术。合资公司的厂建在建水县的一个劳改农场里，里面仅有几台比较陈旧的设备，距离红塔集团有三四个小时的车程。

刘明明和中德合资厂的同事在建水县城的街上

三个星期后，德国公司的团队再回到云南时，我已经对云南公司的情况基本了解了，心里也就有了底气，进行最后一轮关于人事任命的谈判时，我也参与了，并尽力争取此前的职位。中方的团队感觉到了我的变化和在这里工作的决心，所以，最后同意了由我作为德方代表担任人事副科长和会计副科长，同时兼任翻译。

职位确定之后，我就立马上班了，德方很快跟我补签了劳务合同，他们看到我身上有股冲劲儿，工作也很有热情，我没有提太多的要求就直接投身工作，他们非常赞赏我。他们给我起草了合同，还附带给了我一些现金，拿到合同之后我非常高兴，一方面是德方的合同条款比较公平合理，更重要的是，我觉得自己能到这里来学习、工作，本身就赚到了。

对我来说，这个行业原本是一片空白，我进入了中国当时唯一的一家中外合资的卷烟纸生产厂工作，这是一个极佳的学习机会，也是一个难得的好平台。我想，先不要去计算我能得到多少金钱和利益，应该看自己在这里能学到什么、能做什么贡献。很多时候，人不能目光短浅，太精于算计。

这家工厂此前由军方管理，交给中德两方合资来正式运营后，第一件事是审计验收物资，基本都是从零开始的。于是，我就跟着验收团在厂里检查设备、物资、器械、人员、合同等，这是一个充分了解公司的好机会。

合资企业正式开始运营之后，公司的制度也做了较大的调整，所以最初这一年里，我也负责在整个厂里宣讲公司的新政策，到各个车间去跟员工交流，让员工重新和合资厂签合同，总之，每天都在工厂的车间里忙碌。

半年下来，我和大家都相处得很好，不管是中方的管理层、德方的小团队，还是普通的一线员工，对我的评价都很好。我想，这其实也得益于我以前插队的那段经历，那时的工作和我初期在合资厂里的工作性质大同小异，而且两地艰苦的生活条件也差不多，十分有趣，我又体验了第二次插队。

云南建水县当时是个贫困县，我到周边的农民家里住过，有的人家里只有一身像样的衣服，谁要出门到县城办事就给谁穿。好在云南气候温暖、物产丰富，总体的生活成本不高，所以人们的日子还算过得去。

我在公司待到将近一年的时候,德方任命的总经理被查出了一些经济问题,德方高层代表迅速赶过来处理了,之后,由于德方一时找不到合适的总经理候选人,决定把总经理的任命权交给中方,可能也是由于这个地方太过偏远,很少有合适的人前来应聘。这时,中方表示,这一年多里,我的工作干得很不错,提议由我担任总经理。德方此时觉得很不可思议,毕竟当初中方连任命我为副科长都不同意,怎么经过短短的一年时间就提议由我来担任公司总经理呢?

其实,在这一年的工作中,我没有想那么多,只是尽我所能地把工作做到最好。大家都觉得我行事果断、思路清晰、逻辑性强,说话能说到点子上。每次厂里开大会的时候,我也不怯场,经常就各种问题大声发言,工人们也愿意听我说话,我整体的管理工作做得不错。但是,这次轮到德方不同意了,在那个年代哪有女性当工厂总经理的呢?而且,中方当初不接受我,现在又推荐我担任重要职务,会不会有什么问题?德方的人不放心,但又苦于派不出更合适的人,无奈之下,只好接受了中方的提议,让我当总经理,并对我设定了一年的考察期,还给我制定了一个5年财务规划:要求我第3年实现亏损转持平,第4年要盈利,第5年盈利要翻番。

上任总经理后,我快马加鞭开拓市场,提高产品的知名

刘明明任（右二）在德合资厂工作

度。当时我已经把工厂的情况都掌握清楚了，我认为销售是整个公司运行的基础，没有客户和订单，就不能实现采购，生产再多产品也没有意义。所以，我作为总经理，不仅抓工厂的全面运营，还亲自抓销售部门的工作。

那段时间，为了做好市场，我几乎跑遍了全国各地主要的卷烟厂，向不同的客户取经。我那时候40多岁，身体底子好，做事情没有太多顾虑，敢想敢干，也没觉得有多辛苦。在我们团队所有人的努力下，工厂当年就转亏损为持平，第2年就盈利了，从第3年开始，年利润翻番，还被评为云南省十大优秀企业之一，排名第三。

诚信永远是最重要的

我在云南卷烟纸厂工作的 5 年里,发生过几件事情,让我颇有感触,也得到了成长。

当时,我们合资厂生产的卷烟纸,有一半直接供给云南玉溪卷烟厂的合作伙伴,另外一半销售到市场上。从前,为了保证卷烟的品质,玉溪的合作伙伴只能用欧洲的进口纸,现在合资厂有了德国的技术,纸张的各种参数都能达到国际同等产品的标准,可以替代部分进口卷烟纸。在生产过程中,中方的合作伙伴也会拿我们生产的纸和原有的进口纸进行各项指标的对比,再根据情况对我们提出改进要求,这就是当时的合作模式。

有一次,我到北京出差,突然接到公司负责质量管理的同事的紧急电话,说工人发现我们最新供给玉溪合作伙伴的纸张上有霉点,有一小部分已经调去生产卷烟了,大部分还在仓库里。卷烟纸是直接和烟草卷在一起的,如果纸上有霉点,可能会导致里面卷着的烟草发霉,这样的卷烟被人体吸收之后对人的健康有害。

我一听说这个情况，马上放下北京这边即将召开的会议，迅速返回云南，那时还不能远程发送照片，我必须亲自去看一下情况，否则我不放心。我从北京飞回昆明，连夜驱车赶到了玉溪卷烟厂，到厂里已经是凌晨一点多了。我直接去了车间和仓库，检查后发现，一盘一盘的卷烟纸上确实有发霉的迹象。于是我立刻通知车间，马上停止使用这批纸，并检查、核对已经使用了多少发霉的纸。同时，通知了玉溪的合作伙伴，让他们暂时停用这批纸，并且把已发去的纸全部召回。紧接着，我又一夜没睡，开了4个多小时车回到了建水工厂，召集相关人员开会，并要求技术人员检查问题出在哪儿。我们这边的德方总工程师一时找不出原因，我立刻通知了德方总部，请求援助。开会的时候，大家眼看着那些刚送出去没多久的纸，又一卡车一卡车地往回拉，开始陆续退货，心里焦虑万分。我临时安排了一个车间的空闲地方，专门用来堆放这些被召回的纸，同时敦促德方尽快安排专家过来排查原因。德方反馈，需要办签证等手续，派人过来需要一周左右的时间。

就在这一周里，我们合资厂里简直吵翻了天。在20世纪90年代初，因质量问题而召回货品的行为是很少有的，而且，身为总经理，我召回货品的决定没有和中方以及德方的负责人商量,他们都非常生气,说那么多的退货堆在那里,造成如此大的损失,如何处理?谁来负责?我们的合资厂正式运行以来的这几年里,效益一直不错,还是第一次碰到这么大的事情。当时还有一些人说,既然现在客户也没有发现,那这就是小问题,已经发给客户的纸,我们就当不知道有问题,等客户反馈了我们再改进,现在这样一卡车一卡车地往回退货,影响不好,损失太大了。

德方总部当时就给我发了传真,直接把我骂了一顿。他们表示,我作为合资厂的总经理,根本没有资格单独做召回产品的决定,他们对我没有汇报情况直接做决定的行为表示很生气,也不认可我的做法,要把我免职。但我当时顾不上和他们争辩,只让他们先尽快派人来处理这边的技术问题,其他的以后再说。

德方几位专家来了之后,立刻做现场勘查,从配方到纸机,再到原料,全都仔细排查了一遍,最后发现,是水源被污染了。找到原因就有了可行的解决方案,之后再生产的纸也就没有问题了。德方专家仔细检查完那批退回来的纸后,也给出了解决方案,对其进行了再加工处理,之后,纸张的质量全部合格了。更让人欣慰的是,我们的合作伙伴知道事情的前因后果后,对我处理这件事情的做法非常认可,他们认为,正因为我及时主动地向他们反映了问题,才没有让这批有问题的纸大量投入生产,否则用这批纸生产的卷烟,很可能全部报废。我的做法为他们减少了大量的损失,因此他们不仅同意由我们工厂继续给他们供货,而且愿意将这批退回进行处理后的产品全部免检回用,这样也就直接避免了我们的损失。

这个结果让德方高层非常吃惊,也非常高兴,事后特地来到中国对中方的董事长当面表示了感谢,说感谢合作伙伴的通情达理及对我们产品一如既往的信任。但中方董事长却

刘明明带德方的负责人到车间查看卷烟纸的质量

回答说，不需要感谢我们，是你们任命的总经理讲究诚信，并及时果断地处理了问题，使我们双方都避免了更大的损失，这是互相的，对客户诚恳，客户必然会以双倍的诚恳来回报。德方那位当时要免我职务的副总裁听完这话之后，也觉得很不好意思。

其实，在职场上，无论任何时候、做什么事情，诚信都是最重要的。在处理这件事情时，我认为客户的利益大于一切，必须诚信地对待合作伙伴。我们要站在更高的角度看待和处理问题。通过这件事情，我更认识到，在我今后的事业中，诚信一定是排在首位的。只要讲求诚信，长远来看，企业是不会亏损的，赢得了口碑，自然也就赢得了市场和客户，双赢才会有长久的发展。相反，靠坑蒙拐骗占了小便宜，根本走不远。诚信才是立业之本。

对我个人来说，这也是一个里程碑式的事件，让我牢牢记住了做人做事都要讲究诚信的原则。作为职场上的领导者，要敢于做决定，并勇于承担责任。这件事对我的价值观有深刻的影响。

谁付我工资并不重要

还有一件事也让我记忆犹新。随着我们的产品越做越好,市场逐步打开,我们的合作伙伴基本已经不再用进口的卷烟纸,而是全部用我们合资厂生产的国产纸了,所以市场需求进一步增大了,这就需要我们加大产能,购置更多设备并扩建改造。这是一个整体战略,需要德方派专家团队过来谈具体方案,同时监督招标。

中方出于对德方技术的尊重,希望在招标、采购过程中能由德方来进行技术把关。当时是七八月份,正好是欧洲的休假期,德方迟迟不派人过来,我们等得非常着急。德国人当时觉得自己是技术大拿,尤其是我们的厂是在云南建水这样一个偏远的小县城里,于是,他们就有点摆谱,一直没有响应。后来,我直接告诉他们,我们已经找了几家供应商,准备好了方案和报价,也确定了招标的具体日期,在招标之前,德方必须派人过来参与,否则就视为他们自动放弃。德方一看我们真的在按计划推进,就开始着急了,气急败坏地派了两个人过来,其中一位还是副总裁。刚到的时候他还冲我抱怨,说:"你是怎么回事?我们都说了要推迟两到三个月,你为什么站在中方的立场上,帮着中方说话?别忘了,你的工资是我们支付的!"

但我很平静地对他说:"对不起,谁支付我的工资并不重要。重要的是,我现在是合资厂的总经理,我要为合资厂负责,要为我的客户负责,目前必须尽快确定采购招标的事宜,因为我们的订单都预售出去了,我们不能延迟供货。那样会损害我们的声誉,所以,招标的时间不能变。"他又说:"你不怕得罪德国总部吗?"我说:"我不怕。现在,钱对我来说不是第一位的,这个企业对我来说才是第一位的。"

德方的副总裁到了现场之后,真切地感受到了紧张的气氛。那么多的订单,如果产能跟不上,整个供应链都会断,对企业和客户来说都是巨大的损失。于是,他也立刻重视起来,连夜打电话到德国,要求相关的技术专家三天之内必须全部到场,德方终于感觉到项目的紧迫性了。经双方团队一周的紧张工作后,项目招标顺利完成。同时我们还额外拿到了中方合作伙伴的滚轴技术、防伪压光纹等附加项目的订单。有了这些订单,我们合资厂出产的所有卷烟纸都是带着独家防伪标识的,这对企业和我们的合作伙伴、客户来说,都是一个强有力的保障。

这件事让我明白了什么是大局观。我作为总经理并没有因为拿着德方的工资，就一味地讨好一方。为了公司的整体利益，我必须全面地考虑事情，并尽一切努力协调好各方的利益。而且，在这件事情之后，我和德方团队的关系也得到了改善，工厂再出现紧急的情况，德方团队都会及时地从德国赶来支持，双方的工作配合得很好，我和团队中的一些伙伴也成了要好的朋友。

宁可死磕，也不走捷径

在中国，卷烟行业是被国家管控的。当时国内有 4 个大的卷烟基地，其中最有实力的是云南玉溪的红塔集团，而所有卷烟企业的产能规划都归属国家烟草专卖局（简称国家烟草局）管理，国家烟草局每年都会公布下一年的规划，每个生产基地包产多少，所以，对整个烟草及相关行业来说，国家烟草局的决策至关重要。每两年，国家烟草局会在不同的基地轮番召开行业会议。有一年正好在云南，国家烟草局的局长和主要的领导也亲临现场参会，我们公司的德方高层特别希望能和国家烟草局的高层见面，想进一步了解国家政策，再确定是否在中国追加投资，在中国长期扎根。

公司请我协调会面，于是我找到了国家烟草局的局长办公室，但他们给我的回复是，不能安排会面。当时有人建议我要送些礼物，表示一下诚意才好办事，但我拒绝了，这不是我的行事之道。

因为迟迟安排不上会面，德国高层不确定到底要不要来参加会议。我尽力劝说他们，这个会议很重要，国家烟草局局长会亲自出席并宣讲一些重要的政策和未来的规划，为我们公司的长远发展考虑，还是建议来参加此次会议，而且我也鼓励他们继续在中国投资。

德方副总裁和财务总监如期到会，会议期间，我做了详细的翻译。散会后，国家烟草局局长刚要走下主席台，我就带着德国公司的高层迎了上去。我先自报家门并做了自我介绍，接着就表示，我们公司想在中国长期发展，现在面临是否扩建的问题，希望能跟他进一步详谈，了解一下国家的政策规划。局长很爽快地答应了，并给了我们他下榻的酒店的地址，让他的办公室主任安排我们双方在第二天上午10点会面。

第二天，我们如约来到酒店进行了会谈，大家沟通得非常顺利，也给了外方在中国继续投资和长期扎根的信心。会后，我借机提出，希望以后每年可以到北京去拜访他，探讨卷烟行业的发展状况，他也同意了，并表示，通过我们的先进技术，合资厂生产的纸张替代了进口纸，降低了卷烟行业的生产成本，他知道我们厂所在的地方条件比较艰苦，特别感谢我们对中国卷烟行业做出的贡献。

这件事让我有了两个明确的感受。第一，做任何事情，不要试图通过送礼、贿赂等不入流的手段来达成目的。在工作中，我们不能助长这种歪风邪气，这样不利于行业的健康发展。我宁可辛苦一点去死磕，也绝不主张走捷径。第二，我之所以有自信敢冲上去直接向高层重要人物提出会面的要求，是因为这件事情是有正当理由的。无私即无畏。

所以我想说的是，在职场上做事情，只要你的出发点和目的是好的，在没有更好的办法时，偶尔"冲动一下"，也许更容易把事情做成。

放弃原则讲和？NO！

还有一件事也值得一提，尽管对我来说，那是一段非常艰难的经历。

我被任命为合资厂的总经理后，最开始一年多的时间里，我被德方的团队成员孤立了。前面提到过，我最初被任命为合资厂的总经理时，德方对我不太认可，所以我是从代理总经理做起的。当时，德方派驻在合资厂的总工程师是一个已婚的奥地利人。一个西方人在中国，同时又任职技术含量很高的总工程师，他自然会受到非凡的礼遇，身边的人似乎都围着他转，把他捧得很高，他也越来越高傲，而且私生活很混乱。作为总经理，我对这种事情非常反感且明令禁止，一来二去，他就看不惯我，连带着和他一起派驻的几位德方的技术人员也都抱团排挤我，他甚至还想把我换掉，取而代之。他们对我的排挤体现在工作和生活的各个方面。由于我们都是德国公司的员工，在当地没有私人住所，所以公司安排我们住在工厂的招待所，每日三餐也都在那里吃。每天到吃饭的时候，只要我一出现，他们一帮人立刻抬腿就走，故意孤立我。他们在工作上也处处跟我作对，不按时参加我召集的会议，和总部汇报工作时甚至颠倒黑白。

那时候，我们周末没有什么休闲娱乐活动，除了在生产车间转悠，也就是在住所附近的山上走一走，或者在招待所里待着。公司给那个奥地利总工程师在宿舍区单独安排了一套大房子，装修得相当不错。他经常把那帮人请到家里去吃饭，唯独不邀请我。大家明明都住在一栋楼里，却只有我一个人形单影只，我感觉非常难受。

有一个周末我心里堵得慌，就跑到附近的小山上，躺在草地上，看着天上的星星，大哭了一场，哭完之后心情也就好了，回到公司该怎么工作还怎么工作。

刘明明与合资厂的同事们讨论纸张的参数等专业问题，她左边的男性即为奥地利总工程师

而那个想要取代我的奥地利总工程师，因为自己生活作风混乱，工作不上进，时间长了在员工心中也就没有什么威信，他还经常在私底下搞一些小动作，我怎么批评指正都没有用，自然而然也就了影响工作，尤其他还是技术方面的负责人。有一天晚上，我去他负责的生产车间查看情况，马上就有员工向我反映，车间生产的纸每次出现质量问题，这个总工程师就让员工把相关的记录撕毁，把生产问题隐瞒起来。我听完这个反馈后特别生气，想再去找那张被撕掉的纸，已经找不到了，于是我跟员工仔细确认是哪个时间点、出的什么问题、有哪些质量不达标、哪个指标不合格等，并把这些都详细地记录下来了。

事后我几次去找这位工程师沟通，但他根本不理睬我，还满脸高傲。他从骨子里就瞧不起女人，经常在外面乱搞男女关系，根本不尊重女性，女性对他来说就像抹布一样，用完就扔。他同样不认可我，也不接受我的领导，他认为我是一个什么都不懂的女人。

后来，他的行为变本加厉。如果车间生产的纸有质量问题，就会多产生很多废纸，其中有一部分是可以回收利用的，但仍然有很多废纸无法被回收。每到德国总部定期派人来开董事会的前夕，这个总工程师就调几辆车，把那些无法回收利用的废纸全都拉到后面的仓库里藏起来。这些事让中方的副总和我都非常不满意。开董事会的时候，德方从总部派来了三位高层董事，其中就有这位奥地利总工程师的直接老板，他是总部负责技术的副总裁，先前已经被奥地利总工程师一伙人灌输了很多关于我的颠倒黑白的假信息。

当时，各方按会议议程，汇报了任务完成情况。合资厂总体的业绩还是很好的，总部设置的指标、任务、销售额、利润等，我们都完成得很不错，双方都比较满意。之后，德方提出，要单独和德方派驻的团队开个会。在会上，有人提出来，公司内部的合作关系不好，管理层之间有矛盾，长久下去，会严重影响公司的业务和发展，并表示大家要团结，其中，总经理要负主要责任。

之后让我发言，谈谈如何改善现状，于是我就奥地利总工程师的工作情况展开说明。我直接对他开火："团结是有原则的，你是负责技术和产品质量的，但你们一而再、再而三地对不合格的产品隐瞒不报，并把当班记录撕毁，带头隐瞒欺骗，这该怎么解释？那么多不合格的废纸都被拉到仓库去隐藏起来，这是什么行为？你到这里来做技术方面的总负责人，就是要对产品的质量把关和负责，现在你带头做这些事情，怎么能管理好下面的员工？"

我当着会上所有人的面，把这些事情一五一十地说了出来，具体到哪天有哪些产品不合格，以及我几次试图跟他当面沟通，都被他打发走，等等，我都说得清清楚楚。当时，那个奥地利总工程师什么话都说不出来了，也没有作任何辩解。我说完之后，就和中方的副总经理一起带着总部的领导直接去了后仓库，让他们亲眼看看那些堆放着的大量废纸，那都是从我们车间生产出来的不合格产品。当时，总部来的几个人脸色一下就变了。

后来，奥地利总工程师一伙人就被撤回了德国总部，走之前，那个奥地利总工程师还想跟我讲和，希望可以留在合资厂工作，我坚决地说："不！"他想跟我握手，我也拒绝了。

我想的是，你品行不端，工作不负责任，内心压根儿就不尊重中国人。你的行为和品质都这么恶劣，我们公司宁可不要你这个技术总工。之前我试图跟你沟通，但被你拒绝了，现在想跟我讲和，为了继续在这里混？对不起，绝对不行！我说不的态度非常坚定，他也明白讲和没戏了，于是灰溜溜地撤回德国了。

通过这件事情，我也想明白了一些道理。一个人到了工作场合，你瞧不瞧得起谁其实无所谓，但是你要把本职工作做好，你要对自己的工作负责，品行也要端正。如果你对待工作漫不经心，甚至敷衍了事，那工作会给你同样的回报。人在职场上一定要有自己的原则和坚持，这样才能走得更远。

福伊特的橄榄枝

我在云南的合资厂工作了将近 5 年的时候，我们的产品已经在市场上打响了品牌，公司的发展势头很好，便计划购入新的设备，以扩大产能。当时，我们选择了国际上知名的三家供应商，我带着一个由中国骨干和德国专家团队组成的 10 人考察团去这三家企业考察。

当我们来到德国的供货商——福伊特公司的时候，着实被震撼了。这是一个有着 100 多年历史的家族企业，规模非常大。他们的造纸设备很先进，以生产卷烟纸的造纸设备为主，公司所在城市的市场大部分都被这家公司占据着。但他们当时在中国做得并不成功，在北京设立办事处已有 7 年了，却没有什么市场反响，所以去这家公司前，我们都没想到它的规模居然这么大。我们在那儿一共停留了三天，整个团队只有我是女性，我们参观、考察、开会、交流的时候，都是我开着车带着团队成员去参加的。我能感觉得到，福伊特公司负责接待的几个工作人员对我比较认可。

考察结束后，团队的其他成员就回国了。当时我的先生和女儿都在德国，于是我就先开车回到德国的家，计划在家里小住两天，陪陪他们，之后再返回云南上班。

我回到德国家里的第二天，就收到一封来自福伊特公司的传真，他们是通过我们互相留的名片联系到我的。传真的主要内容是希望能在我回中国前跟我再见一面，深入聊聊。

第二天，我先生陪着我，和福伊特公司的两位代表在我家附近的一个酒店吃了一顿饭。他们中的其中一人是福伊特公司负责全球造纸设备业务的副总裁哈克（Harke）先生，另外一个是负责亚洲区造纸设备业务的商务经理，他们都很专业。在吃饭的过程中，我们就3天的考察情况继续深入聊了一下，同时我也提出了我的疑惑：他们的公司非常好，设备种类也齐全，但为什么在中国这么多年却没有打开市场呢？如果技术方案合适、价格合理的话，应该是很有希望的。

我的疑惑问到他们心里了，他们马上就说："这就是我们的痛点。我们非常重视这次与你们的合作，很希望通过拿到这个项目，进入中国市场。我们知道你是此次设备采购方案的决策人，在德方和中方都有一定的影响力，我们对这个项目志在必得，所以，请问你有什么特别的要求吗？"

我当时并不明白他们的言外之意，于是对他们说："你们只要好好做方案,拿出你们的实力和诚意,我相信会得到满意的结果的。"紧接着,他们说:"你帮我们拿到订单,我们给你订单总金额的 1%~2% 作为福利,你考虑一下大概多少合适,只要不超过 2% 我们都可以接受。"

听到这里我才明白他们是来贿赂我的,我当时很生气,觉得他们简直是在侮辱我,就说:"你们怎么能做这样的事情?你们的企业和设备都那么好,应该对自己公司的产品有信心,与其做这些不入流的事情,不如把方案完善好,拿出诚意来。我当然需要挣钱,但我挣的是合理合法的工资,坚决不会挣这种不正当的钱。"他们见我的态度如此坚决,就换了个说法,说要给我个大礼包,直接送到我德国的家里,又问我先生有没有什么要求。

我和先生听完这番话,都非常气愤,我说:"你们要是这样做的话,咱们就不要谈了。你们把我看成什么人了?"说完,我们站起身就往外走。

他们看我们真要离开了,立刻站起来,诚恳地说:"实在抱歉,我们听说中国人习惯这样的做事方式。之前,我们不明白为什么那么小的一家法国公司能连续卖出多台设备,后来打听到,他们就是通过这样的手段把事情做成的。所以我们才想了这个办法。"我说:"那你可就错了!你们才接触过几个中国人呀?你们在中国的生意不好,市场打不开,应该好好地找一下自身的原因，而不是用这样的歪门邪道。"

我当时还在生气，但他们却放松下来了，突然话锋一转，对我说："刘女士，您加入我们公司吧。"说完他俩还相视一笑。我和先生当时都没反应过来，有些蒙。他们又请我俩坐下详谈，说他们一直以为，跟中国人做生意，就要通过贿赂才能办成事情，所以他们就想试探一下我是个什么样的人，能否经受住诱惑。因为他们想邀请我加入福伊特公司，这就是对我的一次试探。看到我的反应，他们特别高兴，觉得我是靠能力做事情的人，同时也感觉到我值得信任，所以他们迫不及待地向我抛出了橄榄枝。

话题转得这么快，我还真没有什么思想准备，而且我当时在云南的合资厂做得挺好的，公司正处于上升期，发展前景比较可观。我先生当时建议我可以考虑一下，因为他觉得我在云南的工作太辛苦了。于是我并没有把话说死，而是回复他们，需要考虑考虑。同时我也强调，目前还是先把当下的项目做好。

这件事多少让我觉得有点刺痛，很多外国人会看扁中国人，认为收受贿赂是中国生意场上的普遍风气。我不否认确实有一些人会这样做，但不是所有人都会这样，我遇到的绝大部分人都是老实本分的。这件事之后，我告诫自己，今后我在职业道路上，尤其要注意自己的品格塑造，就像那句老话"人穷志不短",我们不能在这方面被人看低,在职场上和生活中,都要干干净净做事、清清白白做人,只有这样,职业道路才能走得长远。

敢于争取正职

后来，合资厂设备采购项目到了最后的招标谈判环节，德国的福伊特公司还是丢标了，我们最终选择了另一家法国公司的设备，因为这家公司先前已经在中国售出了6台机器，他们了解中国人的需求，方案更精简，报价更合理。在竞标的那段时间，福伊特公司与我们有了业务上的充分接触，对我们企业有了进一步的了解，对我也有了新的认知。

竞标结束一个多月后，福伊特公司人事部门的人又联系我，诚恳地表示无论如何都希望我能加入他们公司。我认真考虑了当前的情况，首先，合资厂已经比较稳定了，发展的方向比较明确，即使我突然离开，也可以正常地运转；另一方面，我看到福伊特的企业规模这么大，产品设备也很好，但在中国市场却悄无声息，我加入的话，工作上的发挥空间会更大一些；再加上，福伊特在中国的工作地点是北京，而我是在北京出生、成长的，现在，父亲和弟弟、妹妹也都在北京居住，可以回到出生的地方生活，对我来说是一件很好的事情。综合考虑后，我觉得也是时候给前一阶段的工作画上一个完满的句号了，于是我决定跟福伊特公司再谈一谈加入之后的工作情况。

刘明明在福伊特北京代表处任首席代表

当时，福伊特公司还请我去北京代表处参观了一下。那个办公室当时有7个人，首席代表是个奥地利的技术专家，年纪大了，要从一线退下来，接任的是一个德国的技术专家，3个月前刚刚被任命为福伊特在北京代表处的中国区首席代表。福伊特公司希望我去做他的副手，协助他开拓市场。我了解到，这个新接任的首席代表对中国市场并不是很了解，而且完全不懂中文。如果给他做副手，我们之间的沟通肯定会有问题，可能会错过很多市场机会。我看过代表处的情况后，对他们说："这个办公室已经设立了7年，一直维持着六七个人的规模。而且我注意到，办公室里所有的产品资料都是英文的，居然没有准备中文版的文件，如果维持现状，最多只能卖点小配件。这样的发展速度太慢了，远远跟不上中国对造纸设备的需求。我完全有能力带领这个团队往前冲，打开市场，扩大业务。为了提高效率，我不做副手，我完全可以担任正职。"

他们当时就愣住了，在他们看来，我的要求有些强人所难。首先，当时的首席代表刚刚任命3个月，几乎是刚做完交接工作；其次，我毕竟是个女性，我之前所服务的企业规模比较小，而福伊特是一家超大型的企业，我空降过来直接做首席代表，他们有很大的风险。但他们没有直接地拒绝我，而是委婉地说："这样我们跟董事会没法交代。"

此前我也知道，德国的董事会决议流程很严苛，如果要做首席代表，还要经过德国驻中国领事馆的审批手续，非常烦琐和严格。我了解到，当时福伊特造纸技术公司的董事会一共有7名成员，是公司的最高决策层，于是我就和那位邀请我加入福伊特的副总裁哈克先生商量，请他安排我去见公司的董事会成员，我可以亲自争取。他同意了，因为即便我只担任中国办事处的副手，也要通过公司董事会的决议。

那个时候外资公司派驻的首席代表清一色全是高学历的欧美人，还没有过像我这样的中国人，而且还是一位女性。于是，当福伊特公司再开董事会的时候，我就直接飞到德国了。哈克先生事前非常紧张，因为他不是董事会成员，无法参会，他不知道我会如何表现。于是他提议，在董事们中途休会用餐的时候带我过去，把我介绍给大家认识。

到了会面时，我与其中的5名董事围坐一桌，哈克先生与另外两名董事坐旁边的一桌。稍微寒暄之后，我就主动讲明了来意，紧接着，我说了以下两点。第一，我到德国留学，是为了了解德国的社会和文化，我并不是没有继续深造、拿文凭的机会，但是我考虑，是花5年读完博士、拿个文凭，还是用5年时间把一个企业做好？我选择了后者。这5年，我和团队共同把一个新设立的中德合资厂从零开始做起，第一年持平，第二年盈利，此后年年利润翻倍。我想，这个成绩并不比一个博士学历差多少。相比头衔和学历，现在我经营企业的业绩，有更实际的意义。

第二，我为什么在这个时机换工作。相比福伊特公司，我之前担任总经理的合资厂是一家小企业，我和团队成员一起从零开始，用5年的时间把这家小企业做起来了，现在，我希望有机会在大企业里做事情。尤其是，福伊特这么好的企业，却在中国安静了这么多年，我觉得非常可惜！中国改革开放之后，正以令人惊叹的速度发展，现在机会很多。福伊特在中国已经丢失了7年的时间，今后不能再这样一潭死水了，必须要抓住机会追赶上去，进一步打开市场。而我，是中国人，又有在德国生活和工作的经历，我精通两国的语言，深谙两国的文化，能够用高效的方式，在两种文化之间沟通交流，也能很好地理解中国政府发布的行业相关政策和未来规划。在这里，可以直接跟你们沟通；在中国，可以直接跟中国的政府部门以及客户沟通，能减少很多因沟通不便带来的麻烦。

这几名董事会的成员听我说完，连饭都不着急吃了，隔壁桌的两个人也都坐了过来。接着他们就开始向我提不同的问题，尤其是关于改革开放与市场相关的政策问题。我都一一作答。

我也讲述了我作为合资厂的总经理，如何在抓大局的同时，亲自抓市场和销售的一些案例。我强调，做企业必须看清市场，重视销售，有了客户和销售订单，才能够安排采购和生产，机器设备才能运转起来，最后才能盈利。这些都是我的强项。

最后他们又围绕北京代表处提了一些问题，比如如何扩大办公室、扩充团队等。但我认为，这些都不是当下的重点，重点是要有订单、有合同，再根据需求合理地扩大团队的规模。会谈结束后，7名董事会成员都觉得我的管理理念与他们的企业文化特别契合，于是，福伊特的董事长兼 CEO 当场就敲定了，让我出任福伊特中国区的首席代表/首席执行官。之后，我又跟几名董事深入聊了很多有关中国发展的话题，他们中的几个人还从来没有到过中国，但都对中国很感兴趣。我建议他们，今后要多去中国，要与中国客户见面、沟通，这样才更能了解客户、了解中国的市场需求。

刘明明（左六）在福伊特北京代表处担任首席代表，图为代表处的初始团队

就这样，我顺利地成为福伊特中国区的首席代表/首席执行官，从云南的中德合资造纸厂进入福伊特。至于那位刚上任 3 个月的德国同事，则被任命为我的副手，协助我的工作。我与他也经历了很长一段时间的磨合。

回看我这次换工作的经历，我的体会是，在职场中，遇到了好的工作机会，大可以积极主动地争取。面对机会，我不会因为自己是个在德国企业工作的中国人，就不去争取；

我也不会因为自己是女性,就不敢争取;更不会因为我没有高学历的加持,就在争取工作机会时瞻前顾后。一定要有自信,但是自信的前提是你真的有实力,有扎实的业绩。

另外,我在争取做公司首席代表时,想法很简单,没有私心杂念。我争取这个职位并不是为了金钱,也不是为了权力,而是看到了我在这家公司有较大的发挥空间,我可以帮助企业尽快地打开中国市场,所以我敢提条件、提要求,有底气把事情说清楚,说服对方,让他们做出重要的决定,最终达成目的。这也是一种能力。

48 岁出任首席代表，称职才能服众

48 岁时，我到福伊特北京代表处正式上任。之后，那位由正职转副职的德国同事也经历了巨大的心理转变。一开始，我们在工作上的配合并不顺畅，他对我不是很认可，也心有不甘。这是完全可以理解的。当时，他原本可以申请撤回德国，但他的夫人和孩子也来中国了，并且他们全家非常喜欢中国。而且，他也意识到中国已经进入高速发展的时期，在此能够获得更多的成长机会，所以他考虑再三还是决定留下来做我的副手。但在当时的他看来，我是来抢他饭碗的，也没什么真本事，仅仅吃顿饭的工夫就把公司董事会的那些老头们给迷住了，让他们做了个糊涂的决定，所以在工作中，他经常给我使绊儿。我上任后，我们一开始接触的都是德商会、德国领事馆等机构，我和他一起参加活动或开会的时候，他会想发设法找机会拆我的台。

记得在我上任首席代表半年左右,福伊特集团的董事长罗斯先生(Roth)以及集团所在州的州长,一起到中国访问。当天下午,一行人特地来我们公司中国代表处的办公室参观,我和副手一起接待了他们,晚上,德国商会又特地安排了一个接待州长的活动。罗斯先生那次来中国,主要有两件事情,一是去拜访我们的一个重要的大客户,二是了解代表处的业务情况。

1999年,时任德国巴登-符腾堡州州长(欧文·托伊费尔)和时任德国中小企业协会主席/福伊特集团董事长(罗斯)访问中国,来福伊特中国代表处参观

这个重要的大客户当时的主要生产基地位于浙江,此前从我们公司购入了三台先进的大型造纸机,是我们的重要客

户之一。我们陪同罗斯先生去拜访时，副手突然对我发难，当着所有人的面，让我从专业的角度讲讲机器设备的情况。说实话，技术不是我的强项，罗斯先生问及这个设备具体是哪一年生产的，它的年产能是多少，以及具备什么样的技术参数，等等，我都回答不上来。回去的路上，罗斯先生很不高兴，他问了我的教育背景和工作经历，还问我："你觉得你能在公司做哪些事情？能帮助我们做什么？"

罗斯先生临走的那天，我们一起吃了晚饭，饭后路过一个卖地毯的商铺，罗斯先生看中了一块中国风的地毯，我帮着翻译、询价。店主看他是个外国人，要了很高的价格，他听完价格后不太想买了，但是又舍不得放下，我了解行情，我看他很喜欢那块地毯就帮他用较合理的价格买下来了，但没想到的是，那反而成了他调侃我的由头。据说罗斯先生回到德国总部之后，对任命我为公司的首席代表一事非常生气，把分管我们这个事业部的 CEO 和副总裁哈克先生都训斥了一顿，还说："她充其量就是一个推销地毯的好手。"

我后来才知道这件事，但当时，罗斯先生的那次访问让我深切地感受到了危机。我意识到，仅仅维护好公司与政府、客户之间的关系是远远不够的，要想在这样一家注重技术和质量的大型德国企业站稳脚跟、做出更好的成绩，必须加强业务能力，把基础性的技术知识迅速补上。只有足够了解公司的产品,才能更好地向客户展示它的技术优势,以便更好地开拓市场。于是我开足马力,连休息日都泡在办公室里,看设计图纸,学设备原理,了解技术参数……我铆足了劲儿学习,把公司的设备都了解透彻。我也知道副手对我不服气,但我能理解他,在我之前的首席代表都是欧美籍男性,公司的很多人也不相信我能做出什么成绩,甚至于最初我参加了几次行业的交流会,别人都以为我是秘书或助理。

对别人的轻视和质疑,我没有什么顾虑,我这人有个特点,你越觉得我不行,我就越要努力,把这种质疑当作别人在夸我,他们的质疑说明了现实中很少有人能做成这件事情,

刘明明(中)在福伊特北京代表处任首席代表期间,她左侧是她的副手,右侧是北京代表处所属事业部的总裁

那我更要去做，我要创造奇迹。这是我真实的想法。但是有一点，只要我担任这个职务了，我就得称职，不称职肯定不能服众，所以我要付出比别人多几倍的努力，来弥补我在技术上的不足。努力了就会有回报，很快我就掌握了基本的技术知识和原本不属于我职责范围内的工作内容。

有了对产品和技术的了解，我有了更大的信心，也加大了公司产品在中国市场的推广力度，没多久就拿到了一个大订单，这就意味着，中国市场被我们彻底打开了。当时，我们意识到，中国正处于经济爆发期，有巨大的商机，我们会有越来越多的项目，需要投入更多的产能，那就需要更多来自德国总部的资源支持。引荐我加入福伊特的副总裁哈克先生也很关注亚洲市场，他对商机很敏感，完全同意我的思路，所以他决定在德国总部召开一个中国战略发展专题会议，邀请我和副手一起回总部参会。

会前我了解到，在公司总部原有的发展规划中，欧洲市场才是公司的主要目标，所以公司一直把重点放在欧洲，对中国乃至亚洲市场投入的精力和资源远远不够。于是，我们为这次会议做了充分的准备。在会前，哈克先生特地找我提及代表处组织架构的问题，让我照顾一下各方的感受。我马上明白了他的意思，就对他说，我和副手可以并列在代表处人事架构的同一层级，我主要负责市场和管理，副手主要负责技术。我在会上做汇报时，也是按这个架构来展示的，我的做法让罗斯先生、公司副总裁和我的副手都感觉很舒服。其实，对我来说职务没有那么重要，我当初争取职位是为了高效直接地沟通和快速决策，并非为了争权夺利。

会议当天，此前对我很不满意的罗斯先生特地赶来了，因为他一直惦记着，中国是很重要的市场，而担任中国区首席代表的女人——我，并不合格，可能会影响企业在中国的发展。当天与会的人很多，大概有60多人，几乎涉及集团所有的业务部门的主要负责人。在会上，我从中国市场讲到客户心理，从公司现状讲到今后的发展趋势，并给大家展示了我们此后几年的规划，大概有哪些项目，以及项目预算，我把这些都详细地列了出来，并且分出了主次，哪些是重点项目，哪些是不可行的项目，我一一做了科学细致的分析。

与会的所有人都听得非常认真，会后大家也讨论得很热烈，罗斯先生就我的发言提出了一系列问题。当时我说到，在未来，我们的服务将是非常重要的一环，必须在中国建立起专业的服务中心，我同时把思路和计划都讲清楚了。开完会，罗斯先生临走时，特地过来跟我握了手，还对我竖起了大拇指。过了一会儿，我看见他把我的副手叫出门外说了会儿话。晚饭时，我们所在事业部的CEO特别表扬了我，他直接对我说："你是我们的骄傲，我们在中国设立代表处那么多年都没能打开中国市场，而你只用一年就做到了，还给我们提供了这么多信息，让我们知道进入中国市场的决策是对的。同时，你还给我们敲响了警钟，提醒我们要加快步伐。这让我们感觉很踏实。"

会议结束后，我又去了集团的其他几个工厂和生产基地，一方面想详细了解公司的生产和供货状况，另一方面也想让更多的人支持中国的市场。直到我回国前，哈克先生才告诉我，他们当初任命我为正职，被罗斯先生狠狠地训斥了一顿的故事，所以他们都在静等观望，看我如何开拓市场，能不能做出一些成绩。现在，我带领的团队做出的成绩让大家都放心了。

你是真正的女强人

我上任福伊特中国区首席代表半年后，带领团队拿到了一个大订单，其过程相当曲折。

2000年，中国市场已经很开放了，政府出台了一个重要的市场开放政策，叫作"以市场换技术"。当时在中国，人们的生活水平逐渐提高，对各类纸张的需求迅速增长，自主造纸已然成为中国的刚需。有关部门希望通过与欧美先进国家的技术转让，增进国与国之间的贸易，还列出了10项比较关键的造纸机技术，并与几家欧洲的知名大型设备企业进行了沟通，希望实现技术转让，实现合作共赢。具体做法就是，中国把几个大型机器的订单交给欧洲的设备企业，总体打包采购，欧洲企业直接向中国供货。之后，中国政府对3家欧洲企业发出了正式邀请函，其中就包括我当时工作的福伊特公司。于是，我们第一时间通知了德国总部，同时我也抓紧时间了解这个项目的背景及要求。

那个时候，中国的造纸机生产技术落后国际水平40—

50年，即使顺利拿到最新的德国技术，以当时中国造纸行业的条件，恐怕也很难消化，需要增加很多制造设备来实现新技术的应用，这是一项巨大的投资，很可能得不偿失。了解情况之后，我们就找项目相关的政府工作人员进行沟通，建议他们先拿到外国30年前的技术，这样既可以消化，又不用太大的投入。与中国政府的相关人员沟通之后，我收到了德国总部的反馈，公司董事会一致决议，不接受中国以技术转让置换订单的要求，他们认为这是违反国际贸易和公平法的行为，同时，另外两家被邀请参加竞标的欧洲公司也都拒绝了。

这件事情就这样僵住了。我先找我的副手商量如何推进这个重要的项目，但他说非常有难度，总部定下来的事，很难推翻，并好意地提醒我，让我别折腾了，小心职位不保。但我还是不甘心就此放弃，我觉得这个项目关系到两个国家和造纸行业的长远发展，是一件有意义的好事，不能轻易错过这个机会，只要双方建立良好的沟通渠道，是有机会达成一些合作的。于是，我给德国的直属上司又打了几次电话，争取谈判的空间，但他果断回绝了，最后一次他甚至很生气，直接对我说："你不要再说这件事情了，总部已经做出决定了。你不要忘了，你虽然是中国人，但你是为我们公司工作的。不要站错你的立场。"然后就挂了我的电话。

当时正值五一劳动节，我利用这个假期从北京飞去了德国。我回到德国的家里后，我先生还奇怪我怎么突然回来了，我跟他说明了事情的前因后果，他也很赞同我的想法，陪我一起熬夜做了 PPT，用来充分阐述这次的合作机会有多重要，以及中国的市场潜力有多大。第二天是周日，我等到上午 10 点，打电话给我所属事业部的总裁穆勒先生，我告诉他我昨天已经赶到德国了。他很诧异，听我说明情况后，表示集团董事会已经决定了，不参与该项目。

电话里我抓紧时间说明了两点：第一，公司当时为什么决定由我担任首席代表？因为我是中国人，了解中国的文化、政策和企业，能顺畅地与中国政府沟通；第二，最了解相关情况的是中国的代表处，但董事会在做与中国有关的决定之前，为什么不听听中国代表处的情况汇报，就直接做了决定？这样的话，设置中国代表处是没有意义的。然后我提出建议，总部可以做决定，但是请先让我们把相关的情况做一个详细的说明，之后再定也不迟。穆勒先生觉得我说得有道理，于是就安排了第二天早上的紧急会议。

当天，我从法兰克福的家里开车 300 多公里赶到了集团总部开会。在会上我介绍："目前，我们公司很多设备的定位是高端产品，中国市场也需要这些设备，但中国现有的技术水平比较低，无法生产这类高端产品，所以中国政府希望我们能够转让公司的中端技术。现在我们专注于发展高端技术，把中端技术转让出去，对公司有什么坏处呢？从世界范围内的整个行业现状来看，中端技术不成长，高端技术的成长也会缓慢甚至停滞，这对我们并无益处。"

讲完之后，集团的一些中高层都觉得我说得有一定的道理，但还是有些疑虑。有人问我："刘女士，我们能相信中国政府吗？"我当即回答："你们和中国政府、中国的企业做过几次生意？为什么不从信任对方开始呢？信任是开启合作的前提。我们想要做事情，就应该开放胸怀，首先要信任对方，拿出诚意，进行积极有效的沟通。中国政府是完全友好开放的，态度很明确，希望吸引外资。"在我有理有据的资料展示后，公司的中高层都觉得很有道理，并问我接下来该如何推进。我提议公司的几个中高层和我一起去中国，我可以安排他们和中方有关的负责人进行面对面的对话，直接沟通比什么都重要。

第二天，我在回去的路上，接到了哈克先生的电话，他和我的观点一致，接着说："你知道吗，在开会之前，一些公司的中高层原本对你这样的坚持是很气愤的，甚至打算在这个会上把你开除，因为他们觉得你没有站在公司的立场做事情，但是你的 PPT 和讲解说服了大家，你讲的内容比较切合实际。也让我替你松了一口气，我佩服你那种不顾一切的拼劲,你是个真正的女强人(power woman)! 干得非常好。"对他这样的说法,我一笑了之,并且告诉他,目前最要紧的是把项目做成。

1999年,福伊特公司和国家发改委境外经贸委合作,刘明明(右三)在人民大会堂参加了合同签署仪式

之后,我们一行人就到了北京,与项目相关的中国政府官员进行了会谈,双方在友好的氛围中完成了洽谈,结果也非常理想,中国如愿获得了10项技术清单,这10项技术由包括福伊特在内的几家欧洲企业提供。经过不懈的努力,原本已经形成牢固联盟、一致拒绝与中国合作的欧洲几个大企业,也都纷纷掉头,与中国政府进行了友好合作。

那次大规模的招标在北京小汤山举行,合作双方进行了充分的技术交流,前后历时两个月。最后,我所在的德国福伊特公司顺利拿到了最大的两个订单,总价值逾 2 亿美元,这次合作也为我们进一步打开中国市场铺平了道路。这是一次双赢的合作,中方得到了当时国内能消化吸收的技术,外方也拿到了价格合理的订单,可谓各取所需。最后,技术转让和采购订单的签字仪式被安排在人民大会堂举行,我们集团的总裁和副总裁哈克先生出席了相关仪式。

整个项目合作,从开始沟通到签字完成,总耗时一年多。拿到订单以后,集团总部反响也很好,公司此前从来没有在中国接到过这么大的订单,他们表示中国人是值得信任的。这次合作后,公司的高层也感觉到,设在北京的中国代表处从中起了积极的推动作用,能够在集团内外、公司上下起到及时沟通交流的作用,也能开拓市场,拿下大订单。

与顶头上司的正面冲突

项目合作约一个月后,我的直属上司从德国来到中国。到北京代表处的办公室后,他先去了我副手的办公室,他们在里面谈了一会儿之后才来到我的办公室。我非常理解他的做法,毕竟他们都是德国人。

他先是祝贺我,才上任一年多就拿到了两个大订单。之后话锋一转,突然开始就此前我直接到德国去找总裁穆勒先生汇报的事发难,说我这是越级汇报,事先没有向他请示,还质问我懂不懂德国公司的规矩。

说实话,这件事对我来说已经翻篇,我早就忘在脑后了,但我知道德国人非常在乎职场上越级汇报这种行为,所以他很生气,也很认真。我想他对这件事可能一直耿耿于怀,所以我有必要把这件事情说清楚,于是我对他说:"你先不要发脾气,我在向穆勒先生汇报之前,已经跟你谈过很多次了,但当时你不仅不听我的解释,甚至还直接挂断我的电话。我根本无法和你沟通,但是我不会因此而放弃如此重要的一个项目。我就是这样的一个人，认准了的事情，一定会坚持到底，一定会努力争取！"

我接着又说："这么多年了，公司都没能打开中国市场。公司让我担任中国的首席代表，是因为你们知道，我了解中国市场，能够精准地把握市场动向，我有这个能力达成项目合作。对我来说，越级不越级的并不重要，什么规则都没有达成项目合作更重要。你挂断了我的电话，你们说我是代表中国政府在说话，这些我都不在意，我只是想促成合作，因为我不想辜负公司对我的信任，更不想浪费市场给我们的机会。"

听我说完这些后，他沉默了一会儿，问我："你就是这么想的？"我说："当然。这就是我的优势，责任感驱使我冲破一切阻碍，勇往直前，不达目的不罢休！"

没想到，我的这席话让他彻底放下了对我的戒心和芥蒂，他站起来用力地握住了我的手，并真诚地说，希望今后合作愉快。接着我们一起走出办公室。在开门的一瞬间，外面哗啦一声，聚在门口听我们说话的几个同事瞬间全跑了，包括我的副手。大家听到我们在办公室里大声争吵，都很好奇发生了什么。这次事情之后，我的直属上司全力支持中国市场的发展，集团指定的关于中国市场的重要决策，他都会先和我们中国的团队商量，充分听取我们的意见。

俗话说，不打不成交，后来我和这位直属上司的关系变得越来越好了,而且和他的夫人也很投缘,我每次回到德国的集团总部开会,都会到他家去聚餐。

所以,友谊和信任,不是靠说漂亮话、拍马屁,或低三下四、乞求得来的,我们做人、做事都得有自己的原则。不过,在职场上,我并不期望能和同事成为多么亲密的朋友,但是如果大家能够通过不断的磨合相互理解、达成共识,就可以成为很好的合作伙伴和亲密无间的战友,这样工作起来既高效又顺畅,能达到 1+1 > 2 的效果。

52岁，出任中国区总裁

大约在我去福伊特担任北京代表处首席代表的第5年，公司决定在中国进一步发展，建立新的基地。因此，需要改进先前的全部产品都从德国供货的方式，首先要在中国培养自己的团队，一部分产品要在中国设计、生产，而且要有安装调试设备的后期服务团队。与集团总部沟通之后，集团总部决定在中国成立中国区分公司，办公地点要从北京搬到上海。

通过这么多年的经营，我们已经和北京的企事业单位、政府机构建立了良好的合作关系，而且我出生在北京，父亲和妹妹、弟弟都在北京，还有很多要好的朋友也都在北京生活。但我没有考虑太多的个人因素，而是从公司发展的角度考虑，上海的经济发展水平更高，政策也相对宽松，我们大多数客户都在江浙一带，更适合公司的长期发展，所以我认同集团总部的决定。

于是，我带着北京代表处的部分员工来到了上海，重新开始组建团队，成立了项目部、服务部等，为建立中国区打基础。

在这期间,有两个故事非常值得一提。

刘明明在上海,任福伊特中国区总裁

中国区公司正式成立之时,总部需要任命中国区总裁。这时又出现了不同的声音,德国总部的一些人又开始质疑我的能力,认为我只是善于市场营销和经营管理,并不懂生产技术,无法担负起设计、生产和运营的责任,于是想派他们信任的德国人过来。我没有反对,但是我提出,派过来的人一定要能够长期驻守中国,不要每三四年就换人,这样的轮调对企业在当地的稳定发展是不利的,也对客户不负责任。于是,总部挑选了一个名叫汉斯(Hans)的候选人,那是一个很不错的年轻小伙子。但他很犹豫,因为他是土生土长的德国人,对他来说中国太遥远了,他对中国文化也完全不了解。汉斯来中国考察了两个星期,我全程陪同接待,主要就是带着他到处体验、适应中国的文化和社会，并且鼓励他到中国来长期发展，但是两周之后他却自己打退堂鼓了。虽然他也知道这对他来说是一个很好的锻炼机会，但文化差异实在太大，语言也是很大的障碍，同时他也看得出来客户和我的关系非常好，他觉得我更合适这个职位，所以放弃了这个机会。就这样，总部讨论之后，任命我为中国区总裁，并配备了一位非常有经验的副总负责技术和生产。

在上海成立中国区分公司后，我们先是租了写字楼作为办公场地。到了2002年，中国区分公司的发展非常迅猛，需要建立生产基地以扩大生产。综合考量之后，我把目光投向了上海附近的昆山，因为昆山各方面的成本都比较低，而且当地政府的扶持政策非常好。

像建立生产基地这样的重大决策，总部一向很谨慎，特地委派一家咨询公司来为我们的生产基地选址做调查评估。那是一家很知名的咨询公司，和德国总部也合作了很多项目。咨询公司的顾问哈顿博士刚来的时候我没有太关注，放手让他们自己先进行调研，提出初步方案给我们参考。

当时福伊特在中国还有一个合资厂，位于辽宁省辽阳市，那里也可以生产一部分产品。哈顿博士的团队来了之后直接就去了辽阳的合资厂考察，并且一直与中国区的副总进行沟通，讨论如何扩建辽阳的合资厂的方案，期间我没有过多地问,因为我们这位新上任的副总(荷兰籍)也有和他前任同样的心态,他们都有种莫名其妙的优越感,并且认为向一个中国女性汇报工作是一件丢脸的事情,所以直到他们基本确定了选址,才来通知我,说建议把生产基地设在辽阳市。据我了解,辽阳的人力成本确实比较低,但发展相对落后,综合素质可能跟不上我们客户的需求和企业的发展速度。

于是,我提出建议:第一,最好提交两个方案,对两个不同地点进行比较,让总部筛选;第二,再考察一下上海附近的昆山,一方面是因为我们公司有两个兄弟部门已经在昆山有了加工厂,他们生产的设备和我们的设备是直接配套的,有利于后期协作发展,而且,昆山的招商引资政策非常好,距离上海近,高精尖人才较集中,很多外企都在那里办公设厂,从长远来看,发展潜力巨大,而且昆山政府也给了很多优惠政策。所以,建议抓紧时间做好第二个方案给总部作为备选。

咨询公司派来的顾问团队一听就急了,负责人哈顿博士单独约我谈话,他说自己已经投入很多时间和精力在辽阳的合资厂,连计划书都做好了,马上就能向集团汇报方案了,我提出的不同意见,让他前期的时间和精力都白费了。他在考察评估的过程中也投入了不少时间和金钱,想尽快交差。

我坚持说只有一个方案是不行的,并且告诉他:"你们不能只盯着辽阳,还是得去昆山看一下情况和条件。"这让他特别恼火。他仗着自己和德国总部的关系好，又单独找我谈话，希望我不要再考虑昆山，就在辽阳建基地，因为他确实花了很多时间和金钱。我说："不行！你这个理由站不住脚，我们要从公司长远发展的角度考虑问题。就目前来看，我们在昆山附近的客户有 13 个，辽阳附近的客户远远少于这个数。辽阳的合资机械制造厂的建立是出于历史原因，此前我们从来没有介入过，如今那里已经跟不上我们的发展需求了，而且我们集团还有另外两个服务公司在昆山基地，连设备带服务都可以配套运营。所以，从长远发展的角度来看，我认为无论如何昆山都是应该考虑的方案之一，你应该多看几个地方，有备选方案才保险。请去昆山考察一下，做进一步评估。"

没想到，哈顿博士听完我的话之后，居然威胁我，说："刘女士，你听清楚，我在集团总部这么多年，我认识很多人，你还想不想在这儿干了？"我一点也没料到他是这样回应的，但威胁对我毫无作用。我严厉地告诉他："把你的话全给我收回去，威胁我见得多了！"他一看没得谈，便一句话不说，拉下脸摔门而出。后来，他们还是接受了我的建议。

我们一起去了昆山，见了昆山市政府的工作人员，当地政府给出了很优厚的条件，并把当地的情况向咨询公司的顾问做了详细的介绍。之后，我们一起把生产基地选址的情况汇报给了集团总部,集团的董事长还亲自来到昆山,考察各方面的条件。很快,集团总部做出决策,将中国区新的基地建在了昆山。

前后花了将近两年时间,昆山基地终于落成,集团另外两个在昆山的相关公司也迁到了新的生产基地,进行了资源整合。2009年,这里成了福伊特集团的亚洲区总部。

刘明明在福伊特任中国区总裁期间,与同事们在一起

事实证明,我们当时的综合判断是准确的,当地政府承诺的补贴,后来都及时到位了。公司在昆山的这个基地,整体投资都很划算、实惠。后来,我们这个基地甚至成了昆山的样板基地,此后有其他外资企业来考察的时候,昆山政府都会骄傲地带着他们去参观我们的基地,有时还会让我出面

协助政府介绍。

在职场上,每当要做重要决策或者投资时,我们一定要多做几个不同的方案进行科学评估,并学会用发展的眼光看待问题,不能仅着眼于当下的利益。

内审？没问题！

昆山基地落地建设后不久，之前那位极力推荐去辽阳建生产基地的咨询顾问突然对我发难。他刚从中国回到德国，就向集团总部举报，说中国的商业环境复杂，我和昆山当地政府之间肯定有不明交易，我可能有贪污行为，等等，公司应该好好审查一下我的经济状况。他与集团总部审计部的负责人关系很好，这是我后来才知道的。我压根儿不了解他们之间的关系，也不愿意打听。

德国人一向很重视廉洁，基于他的指控，公司对我的内审，就这样突然开始了。

从总部来的审计团队到达中国之后，要求我用英语把每一张个人发票的来源都说清楚，还要求我在三周之内不能进入自己的办公室。我在公司的所有物品都被他们没收，进行彻查，而且他们对我的态度也非常不友好。当时，公司里开始散播"刘总肯定待不住了"之类的传闻，因为以往的情况是查一个倒一个。

德国公司在企业规范管理、高层廉政建设方面非常严格，福伊特公司每 5 年要进行一次内审，尤其是亚洲地区，是公认的重灾区，贿赂、内部交易、灰色收入等情况比较多，所以每 3 年就要审一次。对我进行审查的这三周，尤其严格，不允许我出差，手上的工作基本停滞。整整三周后，审计团队带走了所有的材料，还把我的工资、收入所在的银行账户信息也拿走了，并要求我三个月内随时待命。

公司里有一些人看到这种状况，开始人云亦云，我也没有别的办法，只能忍耐，硬扛着。不过，我自己心里有数，不怕他们任何方式的审查。审查结束之后，审计团队直接向公司德国总部的董事会进行汇报。

一个月后，集团造纸板块的总裁带着 CFO 专程来到中国找我谈话。他们说："刘女士，这段时间委屈你了，我们正式通知你内审的结果，你为公司工作这么多年，经济上没有任何问题，而且我们发现，公司去年给你发的加薪的信函，你都没有打开过。"集团每两年会给公司高管涨一次工资，并给当事人寄一个密封的信函，再由当事人确认后转交给 HR，因为我的工作太忙了，这封信函我都没时间打开看，也没有交给 HR，因此当年也没有涨工资。当时，公司的签字审核制度还不够规范，所有的文件和支出款项的单据都只有我一个人签字，但这些文件都非常干净，没有任何贪污、行贿的行为。而且，当时我已经在这家公司工作了八九年了，经济上也没出过事儿，这令他们非常吃惊，所以特地到中国来和我当面沟通。

这次审计也给我提了个醒，开始规范公司的单据签字审核流程。从那以后，集团对我的信任度更高了，可以说，这次审计把坏事变成了好事。而且还有意外收获，后来审计团队的总经理和我的关系改善了很多，有一次他看到德国报纸上刊登了有关我的报道，还特地发给了我。他后来对我说，这件事情让他对我另眼相看，我是一位非常值得信任的女士。

经常听人说，常在河边走，哪有不湿鞋？其实事实并非如此。真金不怕火炼，我们要对自己严格要求，洁身自好，任何时候都不会出大错。人在职场上一定要老老实实做事，干干净净做人，对得起自己的生命，也对得起所服务的企业。

此外，我深刻地体会到，在职场上辛苦地工作，有时会遭受到不公正的指责，被冤枉，被误解，被挖坑，等等。如果你一味地委屈、抱怨或愤怒不平，陷入负面情绪里走不出来，会伤害到自己的身体和心理健康，这个成本可就太高了。凡是有过一定生活经验的人都有体会，成年人的生活里没有容易二字，没有一种工作是不受委屈的，也没有哪个人的一生是一帆风顺的。

那么，受了委屈该如何化解呢？我的建议是：首先，我们在职场需要接受历练，不要太过敏感、放大自己内心的感受和独白，其实很多事情没有那么严重。如果你感觉受委屈了，可以找人聊聊，或去运动一下，出出汗也就过去了。如果遇到不公平的事情，小事就要忍，小不忍则乱大谋；有些比较艰难的事情，咬咬牙也就坚持下来了，过后一想也不是什么大不了的事。要不断地加强自己的韧性，提升自己的心力。总之，在职场上，受得了多大的委屈，就能成就多大的事业。

逆向思维，58岁出任亚洲区总裁

成立中国区分公司后，我们在中国的局面逐渐打开了，业绩也不错，拿到的订单占整个集团订单的35%左右。之后我们在中国区建立了4个基地，团队建设逐渐完善，还培养了不少本地的优秀人才，吸纳了很多在设计和技术方面有优势的海外专家，所以中国区分公司的团队是比较国际化的。

刘明明在会议上做汇报

2008年，全球经济危机轰然而至，很多开设在中国的外资企业感觉到风暴来临，纷纷准备缩减规模，甚至撤回本国。那时候，我们刚刚有了扩建的思路，同时非常关注国际经济形势和行业动向，由于对中国市场已经熟悉，也一直关注亚洲市场。在大家纷纷后撤的时候，我认为，正是扩张的好时机，要逆向而为。于是在我们团队的支持下我提出了扩张、进军亚洲的建议。

我这样的想法是典型的逆向思考。不少外资企业一撤走，很多机会就浮出水面了，这正是我们低成本扩张的好时机。集团原本在日本、越南、韩国等亚洲国家都有合资厂或办事处，都是直接向德国总部汇报，由于存在时差和文化差异等，沟通成本很高，而且由于距离总部较远，人力、技术、后期服务都跟不上。如果把亚洲的几个工厂和办事处整合起来，优势互补，那么服务的速度和效益就会大大提升。于是我提出了一个进军亚洲的扩建方案，想把亚洲区的架构建立起来，改变凡事都要等待德国总部指示的状况，把集团造纸板块在全球的业务变成了并列存在的4个大的区域，即亚洲区、南美区、北美区和欧洲区，并把亚洲区当作样板。集团总部听完我的建议之后觉得很有道理，不过也存在风险。我又进一步说服他们，因为金融危机，很多企业都在回撤或缩减投资，中国也出现了产能过剩的状况，那我们何必再去建新厂呢？直接进行低成本兼并更划算，还能节约大量资源。

我做了一个具体的方案提交给德国总部，集团董事会评估后觉得方案可行，但是亚洲区与其他几个区不同的地方在于，语言、文化差异很大，而且一些亚洲国家对女性有歧视，那么谁做亚洲区总裁，是一个需要慎重考虑的问题。我建议从欧洲派一位男性领导者，这样不管是从能力还是文化尊重度上，都更适合。总部董事会听从了我的建议，物色了欧洲籍的候选人，但因为风险和挑战都太大，真正有意愿担任这个职务的人并不多。

刘明明担任福伊特亚洲区总裁，由她带头组建的亚洲区团队

最后集团总部考虑再三，任命我为公司的亚洲区总裁，毕竟这个整合方案是我提出的，而且我对亚洲的业务和市场

较为熟悉，作为女性我也能更好地应对由语言、文化等差异所带来的问题。之后，我把中国区的业务交给一个总部新派过来的运营高管全权负责。就这样，从 2009 年开始，我升任亚洲区总裁，重新整合业务，把整个亚洲区的业务框架搭建起来。我先把目标区域都跑了一遍，包括越南、马来西亚、日本、印度尼西亚、韩国等国家，又新增了印度分区，之后，把整个亚洲区分成了三个大区：南亚区、北亚区和中国区，并组建了亚洲区领导委员会，三个大区的负责人定期向委员会汇报。各个区每年开两次董事会，共同商议并制定战略目标。

幸运的是，我刚上任公司亚洲区总裁后不久，即 2010 年，中国政府出台了一个 4000 亿元资金的激励政策，大力推动与优质项目的合作。我看准了这个机会，带领团队火力全开，在韩国、日本、中国都拿到了好项目，亚洲区那一年的业绩非常亮眼。而且，亚洲区整合之后，有了更多的自主权，可以在亚洲内部进行资源调配，各方面的成本也节约了，决策更快、更高效。我主张的低成本扩张的策略也渐起成效，生产基地从原先的 5 个增加至 14 个，市场彻底打开了，亚洲区还成了一个模范试点。集团总部依此方法，把南美、北美和欧洲区也都变成了几个分区，每个分区设置 1 个区域总裁，组成了一个全新的全球版图。

当时，在公司那么多的高层中，只有我是女性，还是个中国人，而整个集团高达 40% 的业绩都是由我们亚洲区的团队贡献的。看到这样的成果，我们团队非常高兴，也很自豪。现在回想起来，我当时的逆向思考策略是有成效的，无论是投资还是职场发展，一定要有长远的目光和长期的规划。

女性领导力

在整合亚洲区的业务板块期间,我有一个真切的感受,那就是,在工作中要懂得做减法,也要懂得合理利用女性领导力。

我上任公司的亚洲区总裁后,从总部推荐的几位优秀人选中亲自挑选了接任中国区总裁的接班人,他是一位名叫沃尔夫(Wolf)的德国人。他刚上任的时候比较紧张,因为他知道中国区的业务是我带领团队从无到有开拓出来的,担心自己会被架空。按理说,他负责中国区的业务,我负责整个亚洲区,他应该向我汇报工作,但他在到中国就任之前,向总部提出特别的要求,希望有关中国区的工作能越过我,直接向总部汇报。当时,集团总部很为难,就此征求我的意见,我说没问题,只要他愿意来中国,愿意协助我好好打理中国区的业务就行。但他来了之后,要求中国区团队的所有人只能向他汇报工作,不能向我汇报,而且所有关于中国区业务的事情,都要把我排在他后面,甚至连公司员工发给管理层的邮件，都要把他的名字排在我的名字前面。当时，很多由我亲自培养并跟随我多年的老部下都觉得很为难，问我该如何处理。

说实话，中国区公司是我和团队从零开始，一点点建立起来的，就像我的孩子一样，这么多年一直在我的守护之下，现在突然交到别人手里，我多少是有些不放心的，而且新上任的中国区总裁没有在中国工作的经验，也让我有些担忧。但当时，如果我不彻底放手，他可能会觉得不受人尊重，尤其是他在德国总部的时候也是重要基地的总负责人。

刘明明任福伊特亚洲区总裁，与同事沟通工作

所以，我首先说服自己要调整好心态，放手放权，学会做减法。之后，我对自己亲手栽培的老部下们说："现在，

我要做减法了，我必须把这部分工作完全交给他，轻装才能更好地上阵。而且，是我请他来管理中国区业务的，我信任他，相信他能带领大家有更好的发展。亚洲区的建立确实很有挑战，但是打开亚洲市场是个必然的趋势，因为这块市场很大，也非常有潜力，所以我必须要心无旁骛、全力以赴。人要做大事，就得有胸怀、有境界，要看得更远，而不是对眼前的小事寸土必争，也希望你们能调整好心态，充分配合新任总裁的工作。"

我觉得，这可能就是我们女性领导的特点，做事情、看问题会更全面，包容性也比较强。而且，我们有更强的同理心，可以换位思考，能够理解男性同事的立场，一方面他要顾及面子，另一方面他也有面对陌生环境时的不自信，所以，我应该给他足够的尊重和安全感。虽然对我来说，做减法也并不容易，毕竟人的本能是向往权力的，但是我知道，要想真正起飞，就必须减负。

之后，我充分信任他并放权给他。起初公司里还有员工带着同情的眼神看我，但我不在意这些，专注于开拓亚洲市场。慢慢地，我和沃尔夫先生的关系也在之后的工作中逐渐改善了。我给了他足够的空间，从来不多加干涉中国区的业务，但在他需要的时候，我会尽力出手帮助他解决问题。

沃尔夫先生很有运营经验，很快就把接手的工作做得有声有色。但有时也会碰到一些棘手的问题，比如他直接负责管理整个中国区的采购链，当时国内有几家很霸道的供应商相互勾结，知道我们公司是一家大型外资企业，日常要采购的东西非常多，这几家公司就联合起来串标，见我们不妥协，

刘明明任福伊特造纸亚洲区总裁期间，接受杂志专访

就召集了很多人把我们的工厂围了起来。沃尔夫先生之前在德国没有处理这类事情的经验，十分为难，于是请我出面协助。我一边寻求当地政府的支持，一边和供应商沟通协调，亲自出面谈判，通过团队协作终于把事情顺利解决了。

还有一件事。当时中国区参与了山东一家企业的重要项目招标，这家企业是我们的老客户，之前购买过我们的两台主设备，我负责中国区的时候跟他们的董事长很熟。沃尔夫先生接任之后，派团队去山东参与竞标。一开始我也出面了，中国区的工厂扩建后要求更多订单，否则很难顺利运行，但当时韩国有一个重要的项目需要我赶过去，所以山东的竞标项目还没出结果，我就离开现场飞去韩国了。

我原本觉得山东的项目应该很有把握，几乎十拿九稳了，但没想到竞争对手一看我离开了，马上让价格大幅"跳水"，用低价拿下了项目。眼看中国区把这个订单跟丢了，沃尔夫先生和团队都很沮丧。我知道情况后稍作考虑，马上明白中间肯定有问题，因为在我们这个行业，一分价钱一分货，如果价格过低，所供的货可能不太可靠。我了解山东的这家招标企业，他们的董事长是个很老实、可靠的人，我怕他吃了暗亏。

同时，我也通过多种渠道充分了解了竞争对手，知人知己方能百战百胜。根据我多年与竞争对手打交道的经验，我知道我们的方案与对方的差距在哪里，于是我和德国总部沟通，调整了一下方案，并从国内直接对部分产品进行供货，连夜进一步优化了方案，并上报总部批准。于是我白天在韩国谈项目合作，晚上就和山东的客户沟通新的方案，经过两天的争取，客户最终同意跟我们继续合作，我立刻通知中国区的团队去现场跟踪，把合同签了下来。就这样，在我和团队的努力下，这件原本已经确定的事情出现了转机，我们又拿回了山东客户的订单。

一周之后，我回到国内，刚一进公司办公室，沃尔夫先生就来跟我握手，特别高兴地说："明明，你是怎么做到的？竟然通过电话沟通就把合同给签回来了！客户真的很信任你。"

从此以后，沃尔夫先生对我的态度和原来完全不一样了，他开始认可我，同时也明白我是没有任何私心的，我只是想把工作做好。之后，他开始主动向我汇报工作了，我们也一直合作得非常愉快。他是一个很踏实的人，在他对我不够了解的时候，总觉得向一个中国女人汇报工作是一件丢脸的事，但经历了一些事情，他才真正了解我，从心底里认可了我。

在工作上，我们应该互相协作；作为领导者，能真正解决问题才能证明自己的领导力。而作为女性领导者，当我们与男性合作的时候，应该懂得换位思考，给他们足够的尊重，并充分发挥女性善于沟通、协作等能力，把工作处理好。同时，我们更要跨越性别界限，不被传统的女性定义束缚，积极展示自己的能力，努力打破所谓的职场"天花板"，争取自己想要获得和应该获得的东西。

64岁，走出舒适区，接受新的挑战

我上任福伊特亚洲区总裁几年后，由于长期工作劳累，以及时常面对巨大的压力，2012年底，也就是在61岁那年，我被检查出了癌症，需要做手术，在这期间我的胃也不是很好。做完手术后，医生嘱咐我至少要静养半年，但是我休息了不到3个月就开始工作了。当时我的身体还没有完全恢复，手术导致排泄不畅，我的一条腿长时间肿着，一定程度上影响了工作。持续一段时间后，医生说我再这样下去是不行的，我的身体已经"亮红灯"了，我应该考虑改变一下生活方式。

作为福伊特集团在亚洲区分公司的一把手，我时时刻刻在想的是，公司每年的利润和长期发展目标。实事求是地评估了自己的身体情况后，我主动向公司提出不再继续担任亚洲区的总裁，因为我不能因个人身体原因耽误了工作。福伊特集团有造纸、水电、工业服务、自动化4个大的业务板块，在上海也有一个集团总部。我卸任亚洲区总裁后,就到了福伊特在上海的集团总部,主要负责政府关系和客户维护两方面的工作,需要出差的工作也减少了。到这时,我已经在福伊特工作了近20年,在行业内有一定的影响力,很多客户都认识我,所以做这两项工作对我来说没什么压力。与此同时,我还兼任了福伊特造纸的高级董事、芬兰一家上市公司的高级董事,以及上海德商会的董事。在这几个公司里,我的职位都比较高,但主要的工作就是参加每年两次的董事会,用全球化的视野给集团的发展提一些指导性的意见。相比以前负责的实体运营业务,现在的工作压力相对小一些,需要以更高的维度纵览公司的发展和规划。我很快适应了新工作,做起来也得心应手。期间我的身体也慢慢地恢复了,长期的胃痛明显减轻了很多,整个人的状态都好起来了。

舒适的工作环境,却使我产生了莫名的危机感,就在我64岁这年,我们公司最大的客户——一家体量更大的跨国公司,正式邀请我加入。对这个新的工作机会,我从心底里很愿意接受,一方面是我对这家公司比较了解,他们的发展势头非常好,增速也快,我对他们的发展前景很有信心;另一方面,我认识这家公司的创始人和接班人,他们都是有大格局的企业家。而且多年来,我在工作中接受了不少挑战,可以说我是在挑战中成长起来的,我希望继续成长。

再三考虑之后我决定接受这家公司的邀请，但是在我向福伊特公司提出辞职的时候，公司不希望我离开。我在福伊特工作了近19年，资历也比较高，按照德国的相关规定，我工作到67岁就可以退休了。公司希望我最后再服务3年，并充分利用我这些年在行业内和客户间的影响力再为公司做些贡献，给我开出的待遇也很好。

当时我也权衡过，是在福伊特继续轻松舒适、没有任何风险地工作3年，还是去接受一个新的挑战呢？内心的真实感受告诉我：人无压力轻飘飘。我喜欢挑战，喜欢有些压力。就在我计划离职的过程中，也有业内的朋友劝我，我要加入的这家公司是一家亚洲企业，内部的文化和人事关系相对复

在德国开完董事会后的合照，刘明明是董事会里唯一一位亚洲女性

杂,我在德国公司工作了这么多年,已经习惯了德国公司的企业文化,换了环境肯定适应不了。他们不理解我为什么这么大年纪了还要折腾。可我认为,正因为这家公司的企业文化比较复杂、存在一定的问题,才更需要有人协助他们进行优化,我正好可以帮他们解决问题,体现我的价值,这正是我想加入的原因。如果是一家非常成熟的公司,已经有很多优秀的人才把公司管理得尽善尽美,也就不需要多我一个刘明明了。更何况,这家公司在我64岁时还能向我发出邀请,让我非常感动,很希望能去这家公司做些务实的事情,发挥自己的作用。

在反复衡量之后,我听从了内心的想法:我还有梦想和激情,希望做实事,不想贪图安逸,这样才对得起自己的生命。于是我跳槽去了这家公司,做好了重新出发的准备。现在回想起来,人活一回,还是要遵从内心的想法。

就这样,64岁的我进入了一家全新的公司。面对新的环境,一切都得从头开始,这的确是个不小的挑战。我在加入之前,对这家公司有一定的了解,也知道公司的员工构成十分多元,有中国人、印度人等亚洲人,还有很多欧洲人,企业文化可能会与福伊特很不一样,但我在入职后才真正对这些差异有了深刻感受。

首先,公司整体的管理风格和框架组织都和德国公司的不一样，德国的公司一般会先确定好清晰的框架，根据框架组织各司其职，运转起来有一定的秩序。而这家公司的管理相对松散，主要靠员工自己来发力和驱动。此外，我在福伊特公司工作时职位级别很高，配有三个助理，他们的分工和职责不同，我每天把事情安排下去，由他们去具体执行。到了新的公司后，什么事情都要自己亲力亲为，连复印、打印文件都要自己去做，这时我才发现，在职场上打拼这么多年了，我居然连复印机都不会用。我觉得这样下去可不行。当时，我突然就有了紧迫感，幸好现在有机会从零开始，我得从最简单、最基础的事情开始做起。

我刚到这家公司时非常不适应，心里想着自己肯定能克服，但真做起事情来困难却不少，对新工作摸不着头绪，不知道从哪儿下手。虽然新的企业和环境对我来说有新鲜感，但也体会到了强烈的危机感，觉得不能尽快发挥作用，开始有一些自我怀疑，不确定自己选择加入这家公司的决定是不是正确的。

我刚加入这家公司的前半年，非常难熬。那个时期的我对自己很不满意，加上对新公司的企业文化、沟通方式等方面的不适应，我的身体开始出现各种各样的问题，一些陈年旧病也不时发作，容易上火、牙疼，好不容易调养好的胃也开始疼得厉害，这些病痛让我非常难受，我跑遍了大小医院，医生给我开了一大堆药,每天吃三四次,每次吃四五种,我的胃简直成了"化学品工厂",但还是不见好转。我想不能再这样下去,便向老板请了一个星期的假,短暂地休息调理一下。

刘明明加入新公司后,参加公司年会

我先生发现我的状态不好,劝我说:"你不妨这样想,在经济上,咱们家不需要你多挣的这一份工资,你要是觉得实在难熬,那咱们就不做了,这工作不是非做不可的,如果你喜欢挑战,就坚持一下,但是要放松心情,给自己一些时间来适应。"我一听他的话,感觉挺有道理。但我不是那种会打退堂鼓的人,以我的性格,只要是我做的事情,都必须有交代——对自己任职的企业有交代,也对自己有交代。适应不了、改变不了环境,那我就调整自己,改变自己做事的方法。

我的一个闺蜜看到我的状况后,建议我还是要把心静下来,然后给我推荐了一个养生专家。之后,我跟着专家去崇明岛调理了5天,主要就是练习静坐、瑜伽、气功。在这5天里,我的收获不小,可能是因为崇明岛环境清静,远离嘈杂喧嚣的都市,所以我心里紧绷着的弦一下就放松了,也想开了好多事情。这世界那么大,能做的事情那么多,还是要看得更开、更宽广一些,不要把压力都放在心里。

从崇明岛回来后,直到现在,我每天早上都坚持练习瑜伽、气功,晚上打坐30分钟,再用最好的状态回到工作中。新环境带来的压力和紧张感消解了很多,我原先那些自我纠结的情绪,比如一到新公司必须马上做点什么来证明自己,公司能在我60多岁的年纪邀请我加入,我必须要对得起这种信任,等等,都缓解了许多。我的心态平和、放开了,也想明白了，我到这家公司的确需要发挥作用，但现在我是作为普通人从零开始的，要把自己的位置和姿态放低一点。

　　心态调整好之后，我花时间把公司现有的组织框架了解了一遍，到各个部门、各个工厂都走了一圈，了解各个部门的职能和协作情况。这样一来，我就能够清楚地看出公司内部的运营、管理逻辑了，也明白了这个公司的运作方法。心中有数了，也就知道如何下手开展工作了。

刘明明在新公司工作期间，接待合作伙伴

　　我刚加入时，主要负责技术中心和研发中心，这是公司非常重视的两个部门，但其实这两块业务都不是我的强项。于是，我放手让一位技术专家主要负责这两项工作，他是这个行业里顶尖的人才。与此同时,我发现,诸如内部管理、业务发展等很多对内的工作都有相应的人负责,但公司对外的工作当时鲜有人关注。这家公司体量很大,是行业内颇有影响力的龙头企业,可以说公司的一举一动都在影响整个行业的发展。如果企业之间只有竞争却没有协作,那么行业就无法健康有序地向前发展。于是,我根据自己的强项,结合公司的现实状况和发展规划,开始配合公司的总裁和股东去开拓公司的外部市场,同时进行客户的协调等工作。

这些工作我大概做了两年,整体进展比较顺利,成效显著,我也得到了公司上下的一致认可。2019 年,我做了两个比较大的项目,一个是兼并项目,另一个是规模达 138 亿元的融资项目,这是当年国内规模最大的一个 CMBS(商业房地产抵押贷款支持证券)的融资项目。其实,我之前并没有做这类项目的经验,但在这家公司,有股东和总裁的支持,加上其他部门的通力协作,我们成功地把这两个项目完成了。

自从我 2015 年进入这家公司以来,越来越深切地感受到这家公司的魅力。在这里,无论你过去的经验和资历如何,也不管你是何性别、年龄,只要你有自己的想法,愿意做事情,有激情并且具备应有的专业度,敢于承担责任,敢于去尝试,总裁和股东都会给你机会,公司都会放手让你去做,并且会给你相应的人力和资源支持，帮助你和团队把事情做成。在这个过程中，企业得到了发展，个人也获得了成长。这是公司让我非常欣赏的地方，它没有条条框框的约束，敢于创新、敢于尝试，让每一个人都拥有无限的可能性。所以我非常感谢这家公司，非常感谢总裁给我的机会，也感谢公司上下对我的信任和支持。作为一个 60 多岁才加盟这家企业的女性，我在这里获得的进步和成长是自己始料未及的。

刘明明在公司任职期间，参加造纸行业的重要论坛，并担任主讲嘉宾

我今年 71 岁了，现在回想起来，自己在 64 岁时跳槽到一家新的公司、接受新挑战的决定是很正确的。说到这里，我也想聊聊这家公司的总裁。他是一位印度尼西亚华人，1992 年就到中国来拓展事业版图了，旗下有全球领先的造

纸企业。我在他身上学到了不少优秀品质，他胸怀宽广、有远见，也有整体布局的战略意识。中国是全球造纸大国，但是造纸所需的原材料资源相对稀缺，比如纸浆和速生林。于是，他很早就开始在全球布局，在巴西、澳大利亚和印度尼西亚等国家都建立起资源储备地，先发展速生林地，再发展纸浆企业，最后发展造纸企业，建立起了完整的造纸产业链，以确保企业能够有效地可持续发展。同时，他还是一位慈善家，乐善好施，充满爱心。他让我深刻地体会到，一个人能做多少事情、能走多远的路，是由你的胸怀、人品和格局决定的，好的品质能支撑你能走得更远也更久。

到 2022 年，我已经在这家公司工作了 7 年。以前在德国福伊特集团，我主要负责总体管理和市场，以及定期与各区域的部门沟通业务情况。而在这家公司工作的 7 年多时间里，我跟进的都是比较大的能落地实施的项目，这些项目也在积极地推动行业的共同发展。这样的工作让我各方面的能力得到了很大的提升，同时也得到了公司和行业的认可。总体来说，我在这家公司工作得非常愉快，我能清楚地看到自己的进步，同时又能从所接触过的各个项目中获得成就感。

70 岁开启人生的新赛道

2020 年我 70 岁，这一年我得到了非常意外且可喜的生日大礼。

当时，女儿、女婿计划从德国回中国，全家人聚在一起给我过个生日，好好地庆祝一下，但因为疫情计划只好作罢。当时我和先生在想，70 岁毕竟是人生中一个比较重要的节点，除了在传统行业里做职业经理人，我还能做些什么事情呢？我是不是可以尝试一些自己感兴趣但之前没有时间做的事情呢？于是我就想着可以拍一些照片和视频，权当作给自己的人生留些纪念。

我在网络上搜索联系摄影师的时候，看到了"时尚奶奶团"拍的视频和照片，我觉得他们把我这个年龄段的老人拍得非常美，照片也很有创意。我先生马上联系上了"时尚奶奶团"的摄影师，请他们给我拍了 3 组精致的照片。我之前几乎没有认真地举办过生日宴会，但 70 岁生日那天，我先生张罗着给我办了一个又大又隆重的生日聚会，邀请了很多朋友,在生日宴上,我们还把以前的老照片和新拍的照片都做了展示。

"时尚奶奶团"为刘明明拍摄的照片

在拍摄的过程中,"时尚奶奶团"的小伙伴们听说了我的经历,了解到我70岁了还在担任跨国公司的高管,他们都觉得很有意义,于是提出了一个想法,想把我的经历拍成视频,发布到网上,让更多人认识我。就这样,那条点赞数和播放量都很可观的视频诞生了。视频一开头就是"我是刘明明,今年70岁,是一家跨国公司的全球战略部总经理……"

这个视频在抖音平台发布之后,引发了广泛的关注和讨论。发布的第一天,视频点赞量就冲到了60万次;在微信视频号上发布后,也有超过10万次的转发和点赞量。"时尚奶奶团"的运营人员统计后台数据后得知,这条视频在网络上的总播放量高达2亿多次,点赞量也非常高。网友们一致赞叹,我都70岁"高龄"了还在职场上打拼。他们觉得我的经历非常励志,也从我身上看到了和他们平时所见的老年人完全不一样的精神面貌。所以网友们称我为"乘风破浪的总裁奶奶"。

一条视频居然引发了这么多的关注和讨论,是我自己始料未及的。实际上,我就是一个普通人,是千万职场女性中的一员,也是一个不惧劳累、踏实肯干的人。作为一名职业经理人,企业给了我这个职位,授予了我相应的权力,我就应该尽职尽责地做好本职工作,担负起自己的责任。几十年来,我都心怀这样朴素的理念,在职场上兢兢业业地打拼,而且我非常清楚地知道,自己能做到现在的职位,得益于中国经济高速发展的大环境,也得益于我所任职的企业非常优秀,研发生产了优质的产品,能赢得市场的认可和客户的口碑。如果没有这些,我都不可能做出这些成绩。所以,我对自己有清楚的认知,知道我是谁,我只是秉承诚信的原则,尽职尽责地完成自己的工作,仅此而已。

其实对每一个身在职场的人来说,只要你能严格做到以上这些,都可以在职场上走得更高更远。很多时候,并不是需要你有多大的能力,或者有多了不起的勇气,而是要把那些基础的职业素养长期贯彻下去,才能在事业上有所作为。

就这样,我与"时尚奶奶团"结缘了。我了解到,"时尚奶奶团"里的奶奶们很优秀,都是已经退休但还愿意追求梦想的老年女性,有的曾是企业里的高管、职员,有的曾是老师、工程师,也有一些曾是家庭主妇。她们前半生的人生轨迹其实有很多相似的部分,大多为了工作、家庭和孩子操劳大半辈子。到了五六十岁,终于可以停下来歇一歇,把目光更多地投放在自己身上,做点自己喜欢的事情,为自己而活。她们大多保持着对美和时尚的热爱,追求生活质量,还有对新鲜事物的好奇心,愿意学习新的知识,也向往着有一个舞台去绽放自我,有一个渠道去表达自我。

说实话,这些也都唤起了我儿时的记忆,因为我从小就喜欢文艺,爱唱歌跳舞,会穿衣打扮,当时老师和同学们都认为我应该去发展文艺事业。但我那个时代的年轻人,选择比较少,也会受到当时社会环境和旧观念的影响,很少有人能够完全遵从内心的意愿去追求梦想,所以我走了另外一条职业化道路。虽然这一路走来我经历了风风雨雨,但是得了历练和成长，取得了一定的成就。如今我 70 岁了，难得遇上这么好的一个机会，让我可以把儿时的爱好和梦想重新捡起来，做一些新的、不同的事情（doing something new and different）。

于是，2021 年 11 月，我正式加入了"时尚奶奶团"，跟年轻的创始人合作，开始打造我的自媒体账号，开启了人生的新赛道。

刘明明与"时尚奶奶团"合作拍摄短视频

经过近一年的合作后，我对"时尚奶奶团"有了更清晰的认识和更深的了解。"时尚奶奶团"的创始人、合伙人是几个 90 后的女孩,她们起初运营"时尚奶奶团"的自媒体账号时,没有资金也没有人力支持,非常不容易,几个人没日没夜地工作。在很多人看来,她们完全可以做其他的事情,以其中一位创始人为例,她长得漂亮,家庭条件也很不错,按理说她完全可以走一条更安稳、轻松、能挣钱的路,不必这么辛苦。但她说,她做"时尚奶奶团"的初衷是源于一些新闻报道,当时新闻说有一帮退了休的中国老年人乘游轮出去旅游,在游轮上暴饮暴食,不注意个人素质,甚至把豪华游轮的餐厅都吃垮了。这件事情在国内外都引发热议,那时,国外媒体还制造了一个带着贬义色彩的词条,叫作"中国大妈"。一些外国人看了这些报道,都觉得中国人,尤其是中国老年人的素质太差了,网上也总有一些"是老人变坏了,还是坏人变老了"这样的讨论。

在看到这些报道后,她内心不服气:明明咱们中国有那么多有追求、有梦想、高素质的中老年女性,为什么她们要承受这样的偏见?于是她萌生了一个想法:打破社会对中老年群体的刻板印象,改变中国老年女性在国际上的形象。最开始,她找到了一群形象气质颇佳的奶奶,拍摄了一组旗袍风格的街拍,做成了短视频。没想到,这条视频在自媒体端一经发布,就获得了千万浏览量,国外各个媒体网站也纷纷转载。大家都赞叹，原来咱们国内也有这么时尚、有风采的中老年女性，原来衰老这件事也并没有那么可怕。这群奶奶在网络上一炮而红后，也成了很多同龄女性乃至年轻人的"偶像"。她这时意识到，可以运用互联网的优势，让优质女性的生活方式和理念，被更多人看见，被更多人效仿，久而久之，中国老年人的整体风貌就能变得更好。她的这些想法让我非常感动，这么年轻的女孩子，原本可以去其他任何领域创业，但她却对老年人这个群体如此关注，想为老年人做更多事情，让老年人的生活变得更美好。她的这种情怀和愿景，使我触动很深。

同时，我认为她的想法很有前瞻性，因为随着世界范围内人口老龄化的进一步加速，中国也逐渐有了进入老龄化社会的态势。近年来，随着科技的进步和发展，人类的寿命也在不断延长，按我的理解，我们已经处于一个"长寿时代"。不管从哪个层面来看，老年群体都应该得到足够的关注和重视。一方面，社会的医疗、养老等负担在加重；另一方面，家庭中的年轻子女也有赡养老人的压力。如何把这些被动的、负面的压力转化成有效的、正向的力量，我觉得是一个非常值得探讨的课题，也值得更多人去投入和钻研。而且，老年群体的精神需求和娱乐需求也应该得到重视，不能让他们与社会脱节。

就这样，我最初只是想拍一些照片，捡起儿时的爱好，愉悦一下自己和家人，但是通过跟"时尚奶奶团"的伙伴们几个月的接触，了解了创始人的想法后，我深受启发，也明确了以后自己可以做的事情。之后，我开始关注国内与老年经济相关的领域的发展动向，还参加了几次老年论坛，惊喜地发现，在银发领域里，打拼的几乎都是年轻人，他们很不容易。这不是一个能挣快钱的领域，前期需要大量投入，但还是有很多年轻人在不懈地努力着，为老年人做实事。我受到他们的鼓舞和激励，我也应该做些力所能及的事情，为发展银发经济做出一点贡献。

到我现在这个年龄和职位，已经没有了经济负担，也就是年轻人常说的"实现了财务自由"，但我还有激情和梦想，我还可以多做些事情，可以和有想法、有冲劲的年轻人一起再创业，开启人生的新赛道。

我觉得，一个人，只要你不觉得自己老了、朽了、该享受了，只要你还愿意学习，那么，你就能继续工作，与时俱进，为社会发展继续创造价值。经常有人问我，为什么还不退休去享受生活呢？我就反问，我为什么非要退休、躺平才能享受生活呢？"退休"这个词在我的生命中还没出现呢。对我来说，有事可做才是一种真正的享受。我享受工作，因为它能让我感受到自己还在主流社会中活跃着、与时俱进着，这意味着我的生命很有价值。人活一辈子，不一定只做一件事，那可能会让人感觉疲惫。我们可以通过不断的学习，尝试做不同的事情，所以我满怀激情地开启了第二赛道。

想清楚之后，我就开始认真地计划这件事情了。首先，我决定拿出更多的时间和精力投入"时尚奶奶团"。目前我还不能从任职的公司退出，因为我之前做的一些工作，尤其是兼并、发债等几个大的项目，还需要我继续跟进、整合，这些都是需要时间和过程的。所以我每天的日程都安排得很紧凑，工作日我在公司上班，周末就做"时尚奶奶团"的事情，包括拍视频、做直播、与粉丝交流等。在职场上，我重新明确自己的定位，不再担任总经理等重要的管理职位，更多的是做一些战略性的指导，以及查漏补缺。公司遇到了棘手的事情，需要我出面协助解决的，我就会出面；哪些部门有困难了，我会提供支持；哪些人需要帮助，我给他们提供相应的资源。其他事情就交给年轻人，充分信任他们，把权力放给他们，让他们获得更多的锻炼和成长。这是我在职场第一赛道上继续做的事情。

而"时尚奶奶团"的工作对我来说是全新的领域。一开始我主要就是了解这个团队的基本情况，学习化妆、服装搭配等技巧，并做相关的培训。慢慢地，我开始在抖音、微信视频号等短视频平台亮相。我出镜的短视频主要有两大类，第一类是把我在职场上打拼多年的经验进行梳理，针对目前年轻人在职场和商场上遇到的问题，比如择业、职场 PUA、被甩锅、跳槽、人际交往等进行经验分享。我利用业余时间把这些整理出来，制作成短视频发布在网上，希望能给年轻的职场人提供一些启发，尤其是年轻的职场女性。第二类就是把我的一些人生经历和故事讲出来，让大家对我有更多的了解，从我的经历中得到一些启发。有时，我也会发一些诸如职场穿搭等比较生活化的视频，或者根据粉丝的需求去拍一些问答视频。

另外，从 2022 年初开始，我开始做直播了。我通常是每个周末开直播，每场直播的时长 3—4 个小时，主要是讲我自己的经历和职场故事，并根据平时收集的粉丝提问，在

刘明明在"时尚奶奶团"的活动上分享自己的故事

直播间进行连麦互动解答。我的账号现在积累了 80 多万名粉丝。几十次直播下来，我觉得网友们对我很信任，也很尊重我，而且我的人生经历和职场经验也能给大家带来一些启发，这是我非常高兴和自豪的事情。我的第一赛道是在企业，帮助企业解决问题；现在第二赛道是做自媒体，能帮助更多年轻人。这也算是我回馈社会的方式。

通过近一年的实践，我有一些体会想在这里和大家分享一下。

我的第一个感受是，要学习的东西太多了。以前，我的工作主要是看文件资料、开会、走访客户、处理业务、做项目等，而且我一直在传统企业工作，对互联网的潮流没有太多深入的了解。现在，我开始做短视频、直播等，一切都要从零学起，包括怎么使用互联网风格的语言去表达自己的观点，如何去看直播平台的数据、粉丝留言、私信留言，怎么和网友进行沟通互动，以及直播间的语言规范、操作规则等，要学的东西特别多。但是，进入新的领域，学习新的事物，恰恰就是我喜欢且擅长的事情，我非常高兴，感觉自己动力十足。

我的第二个感受，也是非常重要的一点是，我以前看书太少了。工作中我日常阅读的都是行业资讯、资料、企业分析报告等，现在因为要回答众多粉丝各方面的问题，我不想辜负他们对我的信任，就督促自己拿出时间去看书、学习，接触更广泛的学科，了解更多知识。关注我的粉丝朋友中，70%以上都是年轻人，而且女性居多，他们会问我各种各样的问题，涉及原生家庭、情感、人际交往、亲子关系、职场发展等方面。我不是一个全能的人，个人的经验也不可能适合所有人，所以粉丝的需求倒逼我多看书、学习来继续提升自己。这样一来，我也得到了成长，可谓一举多得，这是一件于人于己都有益的事情。

我的第三个感受是，我在第二赛道做的事情，也能帮助我所任职的企业。我所在的企业是以工业为主的传统企业，以线下和实体业务为主，以前签约订单通常都是直接派销售团队去推广产品，与客户谈合作。最近几年，我们也投入了不少资金，尝试转型，寻求新的发展机会，我们有一部分业务是B2C，即通过互联网直接面向消费者的。现在，我和粉丝在网上的沟通互动，让他们对我有了一定的信任度，然后借助短视频、直播等方式，在线上介绍、推广我们公司的产品。这也算是一个新的尝试，得到了很好的反馈。

职场女性如何向前一步

我做直播以后，也有了一些新的思考和启发。

一开始，很多年轻人听说了我的故事，知道我 70 岁还在职场担任高管，都说我太励志了，很受启发。慢慢地，也出现了不同的声音。有一些年轻人说："你们老年人怎么还不退休，现在年轻人找工作那么难。""你们不能让位给年轻人吗？这么大年纪了还跟我们年轻人争什么？"诸如此类的说法曾在我的短视频评论区和直播间互动评论中出现。我非常理解这类评论，其实，类似的问题我大可不必回答，但我觉得这些观点也很值得探讨。

我认为，老年人继续工作不退休和年轻人找工作不是一个矛盾的关系，并不是因为老年人不退休，年轻人才找不到工作的。

在企业中，如果一个年轻人和一个年长的人同时去应聘同一个岗位，年轻人是有天然优势的，只要他足够优秀，绝大多数情况下，没有公司会选择年长的人。因为年轻意味着精力充足、学习能力强、有激情。只要你要肯干，不会眼高手低，那么年纪大的人是无法与年轻人竞争的。

当然，年长的人在职场上也要有好的心态。有些年纪稍大一些的人，在单位里熬资历、混日子，甚至霸占着重要职位，排挤、打压年轻人，不给他们发展、上升的空间。我认为这种人的心态是有问题的，虽然你可能在企业里待的时间更长，工作经验更丰富，但是现在社会发展日新月异，每个人都需要不断地学习，更新自己的知识系统，如果你不学习、不进取，还倚老卖老，打压年轻人，那一定不是长久之计。

所以，从以上两个角度来理解，第一，年轻人要自信，要多去争取机会，用自己的能力说话，不论走到哪里，"优秀"都是管用的；第二，工作中经验丰富、年纪稍大的人，要看清自己的位置，了解自己的现状，要给年轻人支持，多帮助、鼓励他们，帮助他们不断地提升自己。

这样一来，无论哪个年龄段的人，都能在企业中和社会上充分发挥自己的能量。

就我自己的经验来说，无论是在做网络直播时，还是受邀到一些公司去讲课时，很多年轻人都会跟我聊自己的困惑和迷茫，希望我可以给他们提供一些经验和指导，我每次都会尽心尽力地给他们提建议，希望能用我的经验帮助他们。对我来说，这既能帮助别人，也能让我感到自己对他人、对社会是有贡献的,这让我有一种社会责任感。

刘明明拍短视频时的场景

此外,也有很多40多岁的职场女性跟我交流,说自己已经有中年危机了,即使做到了公司管理层,到了这个年纪,晋升的机会也变得很少了,在公司里也不再受到重用,而我在58岁时,还能够升职,被公司任命为亚洲区总裁,这些女性朋友想跟我借鉴一些经验。

我是这样想的:40多岁的女性,在职场上已经有了较丰富的工作经验,也有生活阅历,这是你的长处。与年轻人相比,你的精力、学习能力等可能稍差一些,但是你的理解能力和处理事情的成熟度会比年轻人强很多。在这种情况下，如果你希望在职场上继续上升，能在公司里被委以重任或者升职加薪。首先你不能"躺平"，对自己要有要求、保持工作激情，让自己的身体和精神都处于饱满的"在线"状态，这样工作起来会干劲十足，效率倍增。同时，一定也要不断地学习、进取，把危机转变成前进的机遇，这样才能增加你升职加薪的机会和继续发光发热的可能性。

最后，我还想分享一个我在加入"时尚奶奶团"后的小故事。

有一个女性网友通过短视频知道了我的经历，后来通过"时尚奶奶团"辗转找到我。她跟我讲述了自己的经历和痛点。她的学历不高，只读到高二就因为一些原因退学了，但是她一直都很喜欢与服装相关的工作，后来自费去进修服装设计。她今年40岁出头，年轻时从一个小地方来到上海打拼。最初开过服装店，然后慢慢发展起来了，并在上海买了房、安了家，结婚生子之后，为了照顾小孩和家庭，她没有继续做自己的事业了。之后，她做了十几年的全职主妇，现在她的孩子已经大学毕业参加工作了，她有了自己的时间，所以想重新开始做自己喜欢的服装行业。跟我聊天时，她说自己还想继续从事与服装相关的工作，想赶着潮流先开网店，然后借助视频直播等方式慢慢扩大业务。

我记得，在和我聊天的过程中，她反复强调自己学历不高，而且这么多年没有工作，表达能力也很差，对重启事业一点信心都没有。但在和她接触的过程中，我发现她太执着于自己学历低、嘴巴笨，内心有过不去的坎，却没有看到自己身上的优点。首先，她是一位心地非常善良的女性，之所以高中都没有毕业是为了陪伴得了抑郁症的闺蜜。其次，她年轻时就清楚地知道自己的兴趣所在，知道自己喜欢服装设计，并且还去进修过服装设计专业，以前在上海还开过一家服装店，这其实已经有一定的基础了。虽然她学历不高，但其实已经具备了自学的能力，现在她还在上进修班，并通过各种方式继续学习工作上所需的专业知识。再次，虽然她的表达能力一般，但她是一个很真诚、很实在的人，不夸大其词，虽然不太能说会道，但让人觉得很可靠，也很好相处。目前，她的家庭也没有什么经济压力了，她可以大胆尝试，即便失败，也没有太大的损失和负担。于是，我就把她的这些优势一一跟她分析了一遍，她很受启发，也慢慢释怀了，马上就去参加了直播间的培训班，开始着手自己的服装事业。

现在，她是一家毛衣、毛织物服装厂的代理商，我跟她合作过几次，在直播间里推荐过她所代理的毛衣等，质量确实非常好，粉丝下单后反馈也不错。

通过这件事，我觉得自己可以尽一己之力帮助和她有类似情况的女性，是一件很有意义的事情。而且，后来我也发现，现在社会上有很多这样的女性，她们大多是在怀孕生孩子时回归了家庭，孩子稍大一些之后想重新回到职场上，但是，与工作的长期脱离令她们普遍缺乏自信，畏首畏尾。在我的短视频评论区和直播间的粉丝提问中，经常有女性粉丝问我："明明姐，我之前是家庭主妇，现在孩子大了，家里暂时不需要我了，我想重新开始工作，但是我没有什么能力，也没有信心，我该怎么办呀？""家庭主妇想回归职场，但没有方向，怎么办呢？"……这样的问题有很多。

我认为，首先，你要了解自己的兴趣点，找到自己热爱的事物，这一点对我们的生活和事业都非常重要，因为你对自己热爱的事物有激情，愿意投入进去，极有可能就是你未来事业的方向。其次，你要不断地学习、进取，就算在家当家庭主妇，也不要放松学习，要保持学习的状态，不断地更新知识储备，这能决定你可以走得多远。最后，你也要善于发现自己的优点和长处。人无完人，一直盯着自己的劣势，很可能会失去尝试的勇气。要敞开心怀，去接纳自己的不完美，并善于发现自己的优点和强项，充满自信，全情投入地做好自己能做的事情，这样就足够了。

人生不设限，满怀激情地拥抱下一个 70 年

我 70 岁进入互联网领域，是从短视频开始的，半年以后，在众多粉丝的呼吁下，我开启了直播间。在直播间里带货的主播太多了，一些直播间的产品质量参差不齐，甚至在一些人的眼里，直播间卖的都是伪劣产品，在直播间卖货是一件很不好的事。我刚开始在直播间里聊职场、聊人生，很受粉丝朋友的欢迎。但是我刚开始在直播间带货时，身边就有朋友说："刘明明，你可是总裁级别的人，怎么也开始直播带货？是缺钱花了吗？"所以当时我的内心有过纠结，但是后来我看到了一个当红主播的访谈节目，她才 30 多岁，却很有自己的想法，通过直播带货帮助了很多贫困地区的人和企业，她的话对我启发很大。

后来，我想清楚了以下几件事情，就不那么纠结了，坚定地走自己认定的路。首先，中国地大物博，各个地区都有

自己的特色产品，但是受到交通、物流和突发状况的影响，一些偏远地区的好产品不为人所知，经常被积压着，尤其是一些新鲜的蔬菜水果，不能及时推销给有需求的客户，烂在地里非常可惜，而一些经济发达地区的人们想购买却没有渠道，导致供需不平衡。现在通过网络直播等方式，可以把这些不对称的信息统筹起来，让好的产品快速流通，偏远地区的经济才能发展起来，发达地区的人们也能得到物美价廉的货品，这是对买卖双方都有益的事情。从这个角度看，在网上直播带货不是简单的你买我卖、赚点小钱的问题，而是可以推动各类产品充分流通的有效方式，能够帮助到很多人和企业。

其次，我想通过自己的影响力，把真正物有所值、货真价实的产品，用最合理的价格提供给信任我的粉丝们，让他们买到自己需要的东西。这样既满足了粉丝们的需求，同时也解决了一些企业的困难。如果出现了产品质量问题，粉丝们反映给我，我会一路跟踪到底，倒逼企业完善，提高商品质量。如此一来，企业得到了健康的发展，消费者也购买到了优质的商品，这是一件非常有意义且值得做的事情。想清楚后，我的心结就解开了，我可以坦坦荡荡地直播带货。

同时，我也在想，我直播间里推荐的产品，供货商一定要靠谱，产品质量要有保障，在直播间里展示的商品必须与实际提供给消费者的质量一致。因为这些都是涉及信誉、诚信的问题，就像在职场上，我敢于承担责任，想办法满足客户的需求，为产品质量、公司的信誉而奋斗。我在直播间里销售商品，也要做到这样。尤其是，互联网这个平台非常开放、自由，每个人到可以在这个平台上展示自己、推销商品，但是目前有一些乱象，我希望做一股清流，传播正能量，推广优质产品。

目前我们还在创业的起步阶段，直播团队和后期服务团队稍有欠缺，所以我一直严格把关产品质量，敦促团队和商家都尽快发展、完善。经过一年多的时间，我们的直播间现在已经与两家可靠的供应链平台合作，共同开发了约100家优质的产品合作伙伴。

还有一个就是所谓的"人设"。很多网友都是看了那条"我是刘明明，今年70岁……"的视频而认识我的，所以我一开始主要是分享我的职场经验，就像做公益一样，用我的经验为粉丝朋友答疑解惑。在这个过程中，我也特别告诫自己，一定要实事求是。我不是完人，也不是超人，但是我有颗真诚的心，只要粉丝信任我、向我提出问题，我就不能让他们失望，不能辜负他们对我的信任。在这种情况下，我会本着实事求是的态度去回答粉丝的问题，尽我所能去帮助他们。所以，我就是一个老实本分、尽职尽责、兢兢业业的职场人。

一开始，有些人看了我的视频后评论："这肯定是一个经过包装的专业演员，说的话都不是真的，最多两天半，人设就崩了。"还有一些网友说："你看起来很强势，让人感觉有压力。"这些直接、尖锐的评论，对我来说也是新的体验。

平时在公司里，虽然我的员工不可能都很认可我，但我确实没有当面听到过别人对我有不好的评价。而在网络上，所有的语言都是公开的，一旦成了稍微有点影响力的人，负面的评论也就跟着出来了。陌生网友的直接反馈，对我的心理承受能力是个挑战，它促使我学会调整心态，用包容的态度去接纳不同的意见，化敌为友，这些都是学习和提升的过程。总体来说，我是满怀信心和希望地去迎接这些挑战，因为我喜欢挑战，也喜欢不断地提升自己。

随着我在网络上的关注度不断提升，越来越多的粉丝对我赞誉有加，一些合作过的客户也经常夸我优秀，但我不断地告诫自己，不能飘飘然，不能因此就觉得自己很了不起，一定要不忘初心。我其实就是个普通人，我只是尽自己的力量为社会做点有益的事情，因为我想对得起自己有限的生命。

加入"时尚奶奶团"后，我自身也有了很大的变化。以前我在职场上，做起事情来风风火火，脾气也比较急。现在同时在两个赛道做差别较大的事情，有一定的挑战，但我也在不停地调整，把时间和精力进行了合理的分配，争取高效和精准,尽可能让自己保持最平和的状态,这对我来说也是一种修炼。

而且,非常可喜的是,"时尚奶奶团"让我发现了自己的另外一面。在职场上近40年,我几乎把全部的精力都放在工作上,花大量的时间提升自己的工作能力,也就没有太多时间去关注生活中的其他事物,自己的审美偏职业化,穿着打扮等都很干练、硬朗。而且随着年龄的增长,对自己的外表和身体状况有一些焦虑,看着自己的头发一天天变白,脸上的皱纹也渐渐增多,会觉得自己的身体一年不如一年了,平时也不太敢提年龄,觉得年龄和皱纹都是我的负担。

加入"时尚奶奶团"后,我身边都是同龄人,90后的创始人鼓励我们回归自然,不要畏惧年老,把年龄当作一个数字,勇敢地展示自己的一头白发。还用各种方法帮助我们这群银发奶奶重新焕发出了时尚、自信的光彩,让我们敢于追求梦想,敢于表达自我,不要在乎别人的闲言碎语。人都有年老的一天,我之前所顾虑的问题迟早会出现在每个人的身上,焦虑只会让自己徒增烦恼而已,所以我现在也不再染头发了,就保持原本的真实模样。同时,通过"时尚奶奶团",我也学到了化妆和穿搭的技巧,让自己的外在形象更具有女性的独特魅力。现在也有一些高档服装公司和珠宝、饰品等公司来找我洽谈合作。我这个年龄还能具有女性吸引力,这让我更加自信了,这与过去那种只在工作中才有而生活中则没有的自信不同。现在,无论何时何地,这份自信都跟随着我,让我整个人的状态都变得越来越好。有时,我看着自己的视频片段,发现我居然还能这样去展示自己作为女性的独特的美,感觉身心都更加愉悦了,难怪有人说,每个女人心里都住着一个爱美的小姑娘。

这段经历也给了我一些启发,只要你努力地提升自己、修炼自己,把自己的真诚、善良和自信都展现出来,别人对你也会更有信心,更愿意支持你往更好更远的方向发展。

目前,"时尚奶奶团"这个平台,乃至整个互联网,对我个人的影响大部分还是正面的。

2021年,一个知名的、专门做有关女性多元公平包容的整合服务平台——sHero的创始人联系到我,告知我被平台评委会推荐为2021年度优秀女性代表。这家跨国平台早在2007年就已经开始促进女性间的对话,他们致力于培育女性彼此间的协作行动力和集体的责任感,鼓励每一位女性发展特长,鼓足勇气和满怀热情,共同创造一个极具创意与尊重的多元表达文化。而且,sHero每年都会举办国际范围的以"重塑女性人才"为主题的宣传活动,旨在为女性人才提供最好的培训和发展渠道,并组织各种主题的女性论坛,影响和接触各类女性和领导人,在世界范围内寻找最受女性欢迎的雇主/企业。

我很早就知道这个平台，也参加过他们组织的各类论坛和活动，受益匪浅。为了帮助女性人才及时了解当下的发展趋势和关键问题，并提升与职业发展相关的知识和经验，这家公司做了大量的投入，非常令人敬佩。

由于近年来我在互联网上的影响力，他们注意到了我，认为我的人生经历非常丰富，积极向上，便主动联系我，希望我能参与2021年度50+永葆青春的人物评选活动。这对我来说是个很好的学习机会，我非常乐意参加。在2021年12月8日的新闻发布会上，我获得了该平台颁发的"50above50永葆青春大奖"，并且做了主题发言，分享了我40年的职场经历和关于女性领导力的一些体会。后来，经平台创始人邀请，我加入了这家公司的董事会，想为帮助更多有梦想的职业女性尽自己的一点力量。

由此可见，互联网的影响力真的很大，只要你在自己的领域里认真做事、精耕细作，并不需要自己去做多少宣传，互联网能把你的事迹传播出去，让更多人知道你的故事。我也希望通过这样的传播，能接触到更多不同行业的优秀的人。很多人觉得我的经历很励志，纷纷找到我，希望我能给他们的企业提供一些帮助。这激发了我的一个想法——我想多做点公益事业，不以谋利为目的，而是在自己能力范围内做一

2022 年，71 岁的刘明明，满头银发、自信十足

些实实在在的事情,能够真正帮助到企业和他人,回报社会。

当然,我身边也出现了很多不同的声音,有一些人对我说,你这样一个企业高管,有这么多年跨国公司的工作经验,怎么还去跟着小年轻做事了呢?甚至还有人找到我先生,让他"管管"我。我身边确实有很多人不理解我现在所做的事情,对在互联网上发布短视频、开直播的人有偏见。对我来说,只要是我认准的事情,我就会全力以赴去做,不会被闲言碎语扰乱,当一些人还在议论、观望时,我已经大踏步地向前奔跑了,并乐在其中。

最后,我想说,不论你处于哪个年龄阶段,都不要被年龄束缚,那只是个数字而已;也不要给自己的人生设定各种各样的限制,没有谁规定什么年纪应该做什么样的事情。只要你热爱生命,心中怀有实现梦想的激情,找到自己热爱并愿意为之奋斗的事业,你的生活就会越来越美好,最终不负热爱,过成自己梦想中的样子。

上：刘明明（左）与幼儿园的伙伴

下：刘明明（左一）插队期间

上：刘明明和女儿

下：刘明明担任合资厂的总经理期间,参与云南省妇联的活动

上：刘明明在云南建水的合资厂工作期间，与同事外出游玩，小女孩是同事的孩子
下：刘明明担任福伊特北京代表处首席代表，出席项目签约仪式

左：刘明明任福伊特中国区总裁期间接受采访时所拍的照片
右上：福伊特造纸管理团队，刘明明担任亚洲区总裁
右下：刘明明在打台球

福伊特造纸
管理团队

全球强势定位

图 1　Hans-Peter Sollinger 博士，首席执行官
图 2　Martin Scherrer，首席财务官
图 3　Bertram Staudenmaier，织物和辊子系统部
图 4　Andreas Endters，纸机项目部
图 5　Uwe Knotzer 博士，产品服务部
图 6　Antti Kaunonen 博士，欧洲、中东和非洲区
图 7　Ming Ming Liu，亚洲区
图 8　Bob Gallo，北美区
图 9　Nestor de Castro，南美区

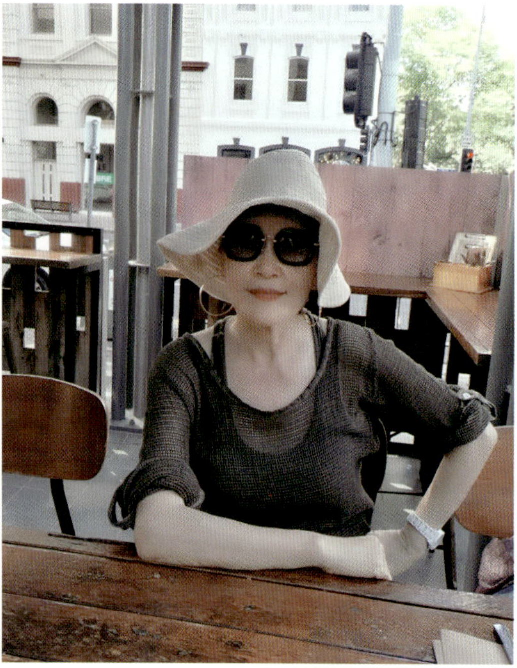

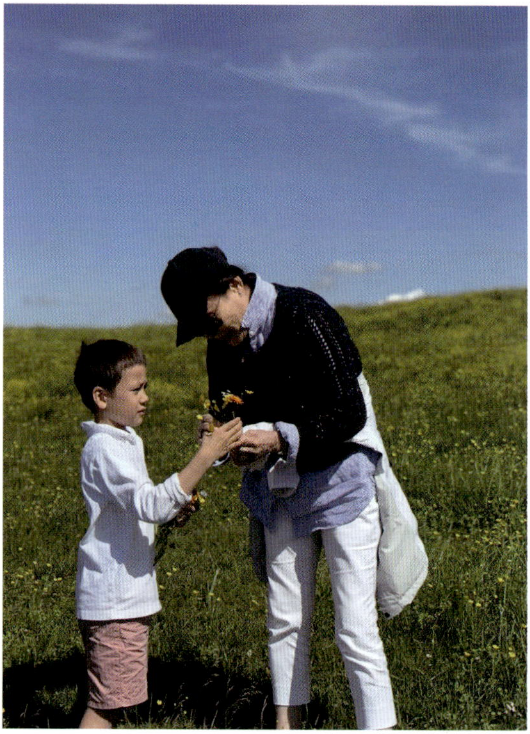

左上：刘明明六十多岁时的生活照
左下：刘明明与外孙在奥地利的山间游玩
右：刘明明与先生和外孙在奥地利的山间

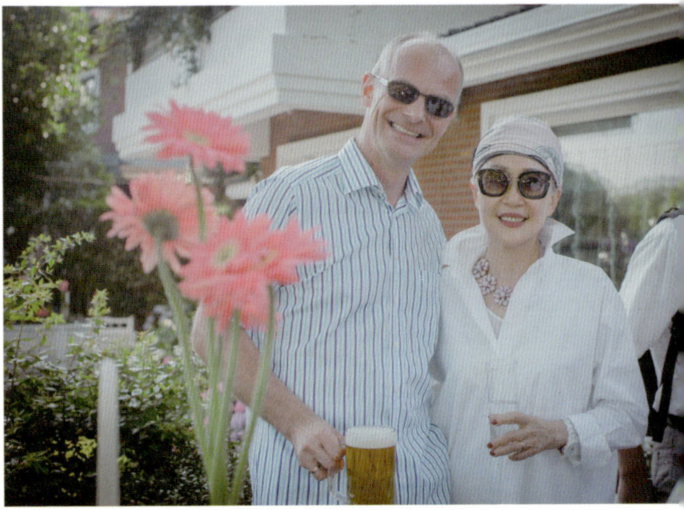

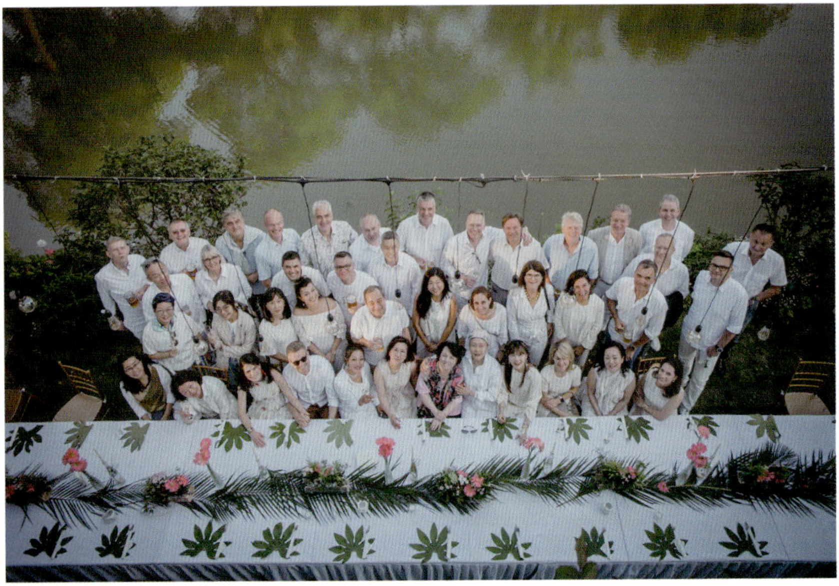

左上：刘明明与上海德国中心和太仓德国中心董事长、总经理夏建安在朋友家聚会

左下：刘明明（前排右五）与朋友们聚会，她右侧的粉衣女性是前任德国驻上海总领事欧珍博士

右：刘明明（左二）与时尚奶奶团年龄在65岁到70岁的奶奶们拍摄照片

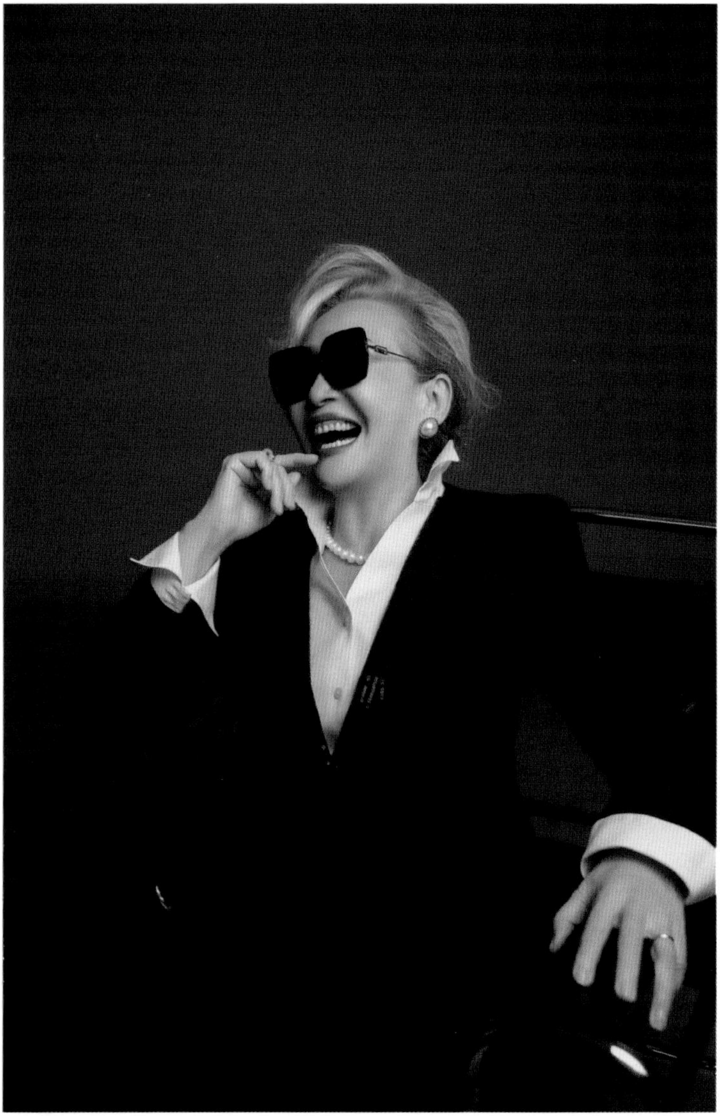

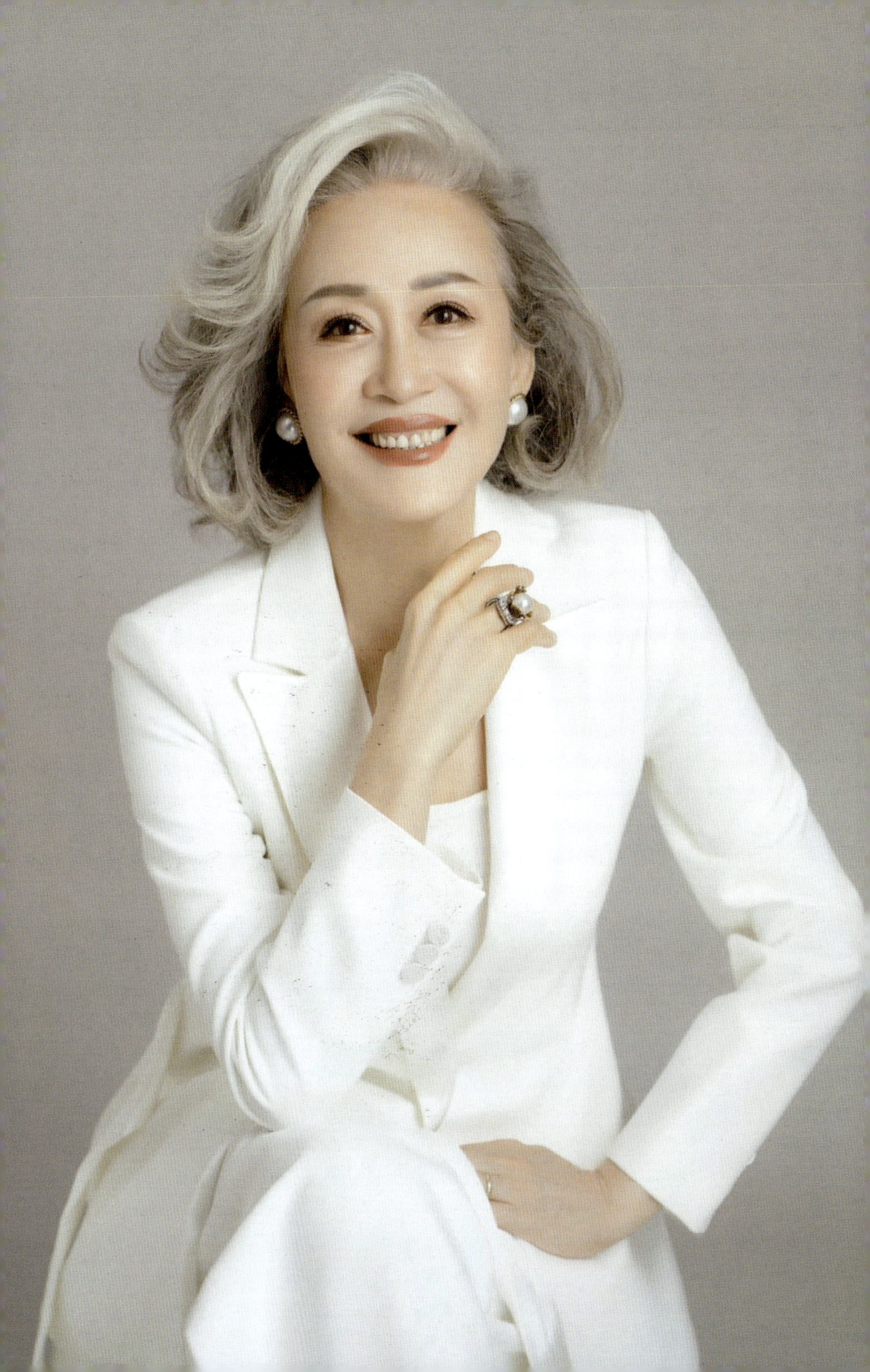

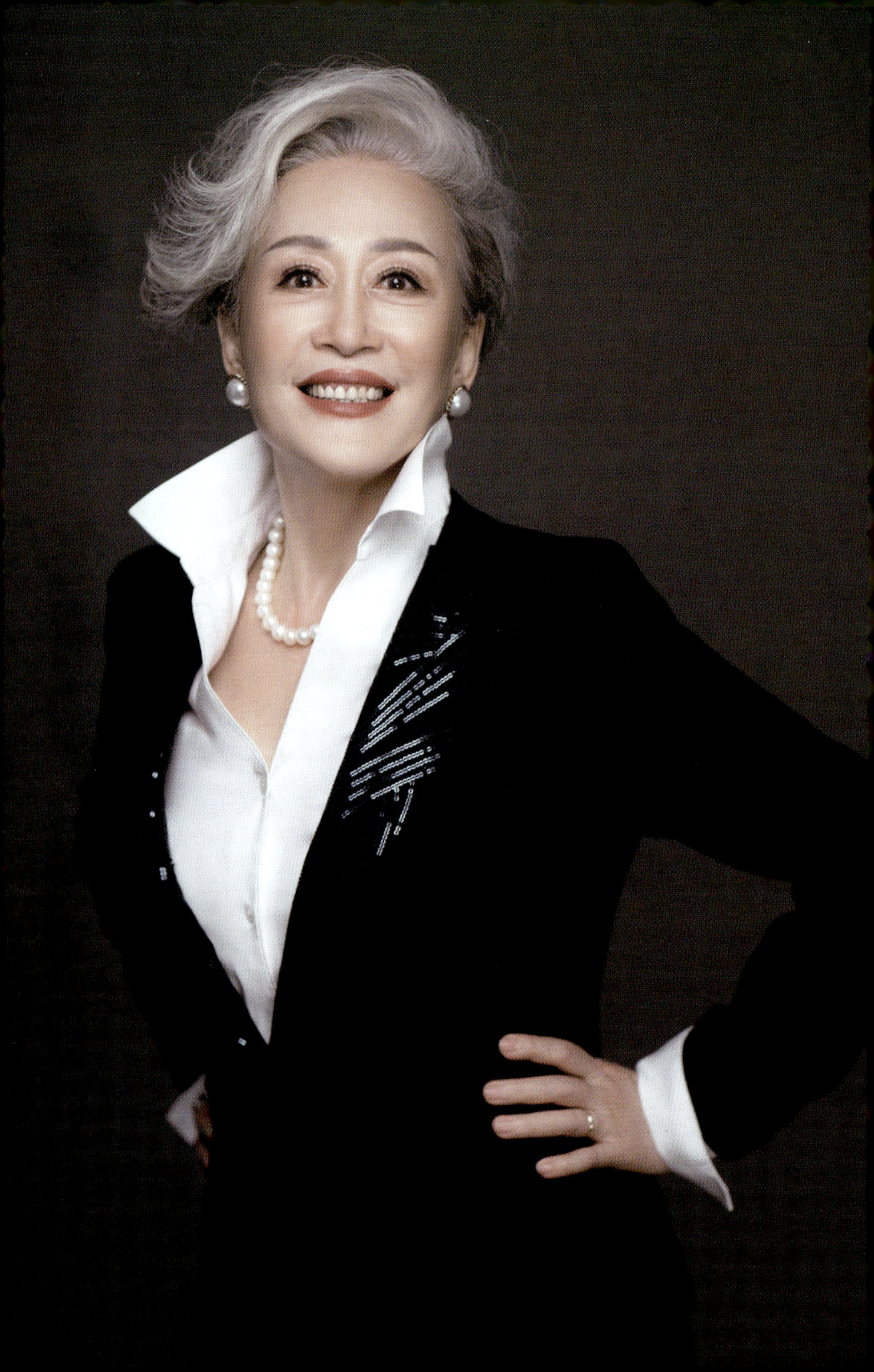

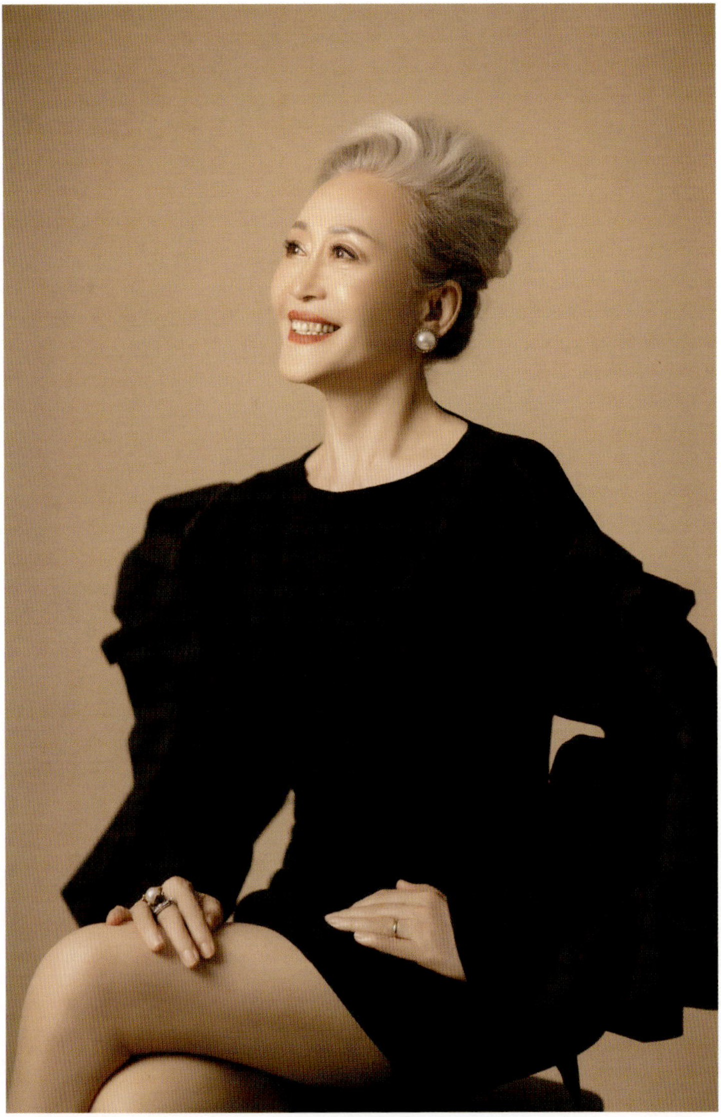

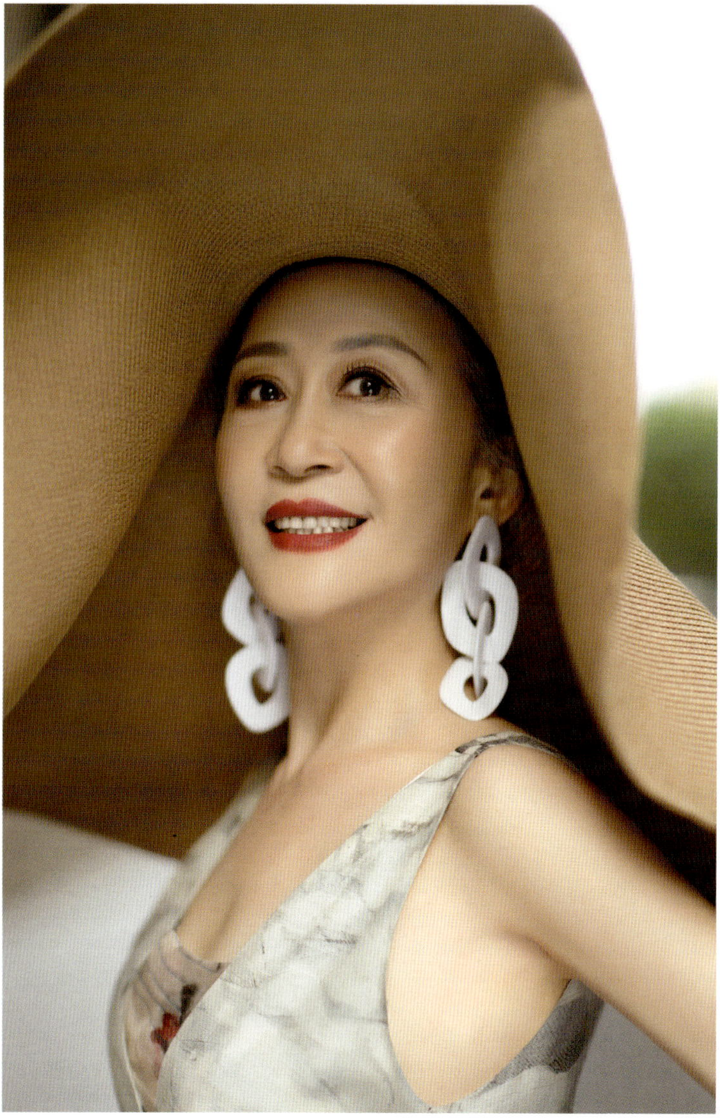

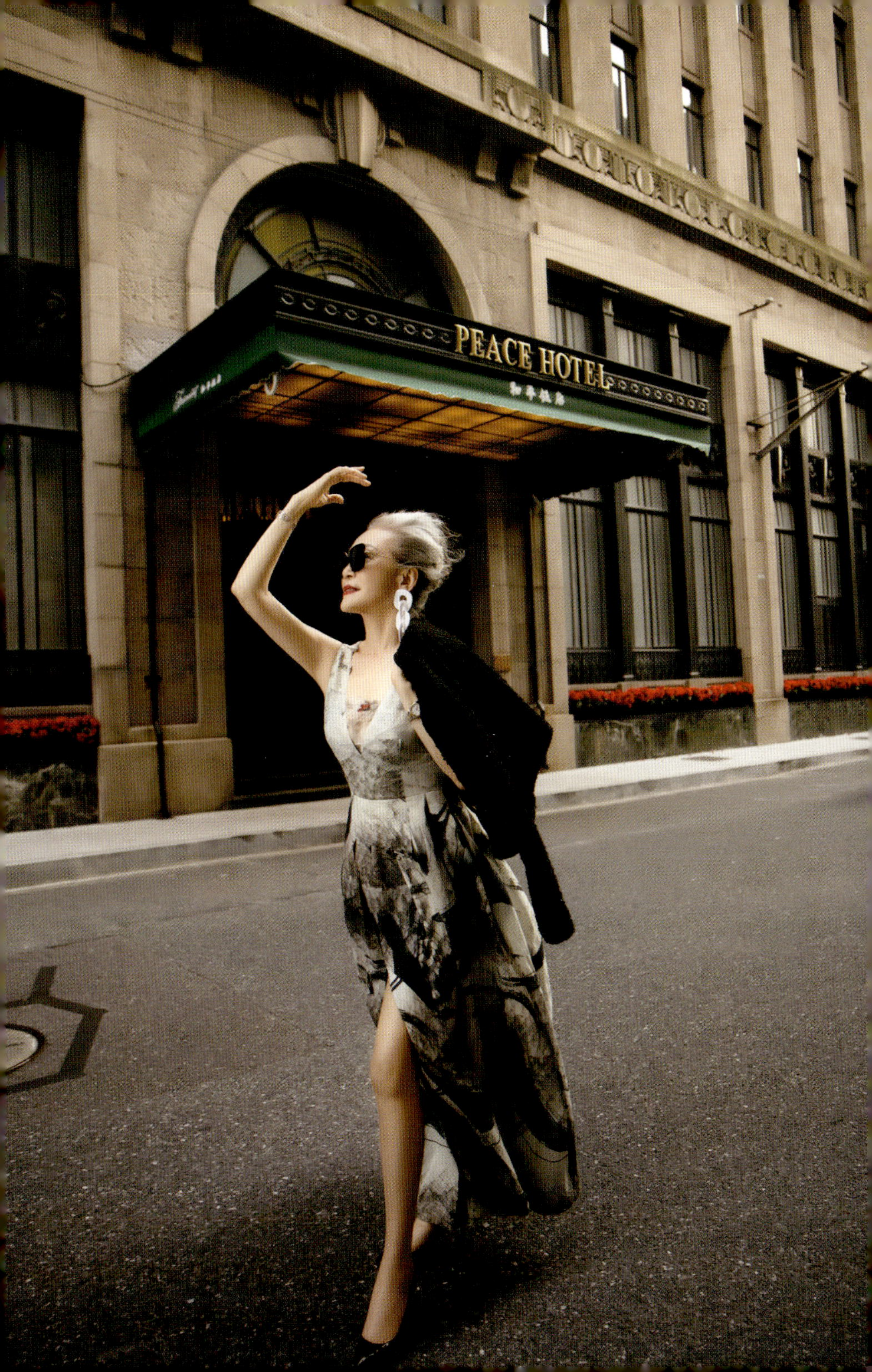
PEACE HOTEL

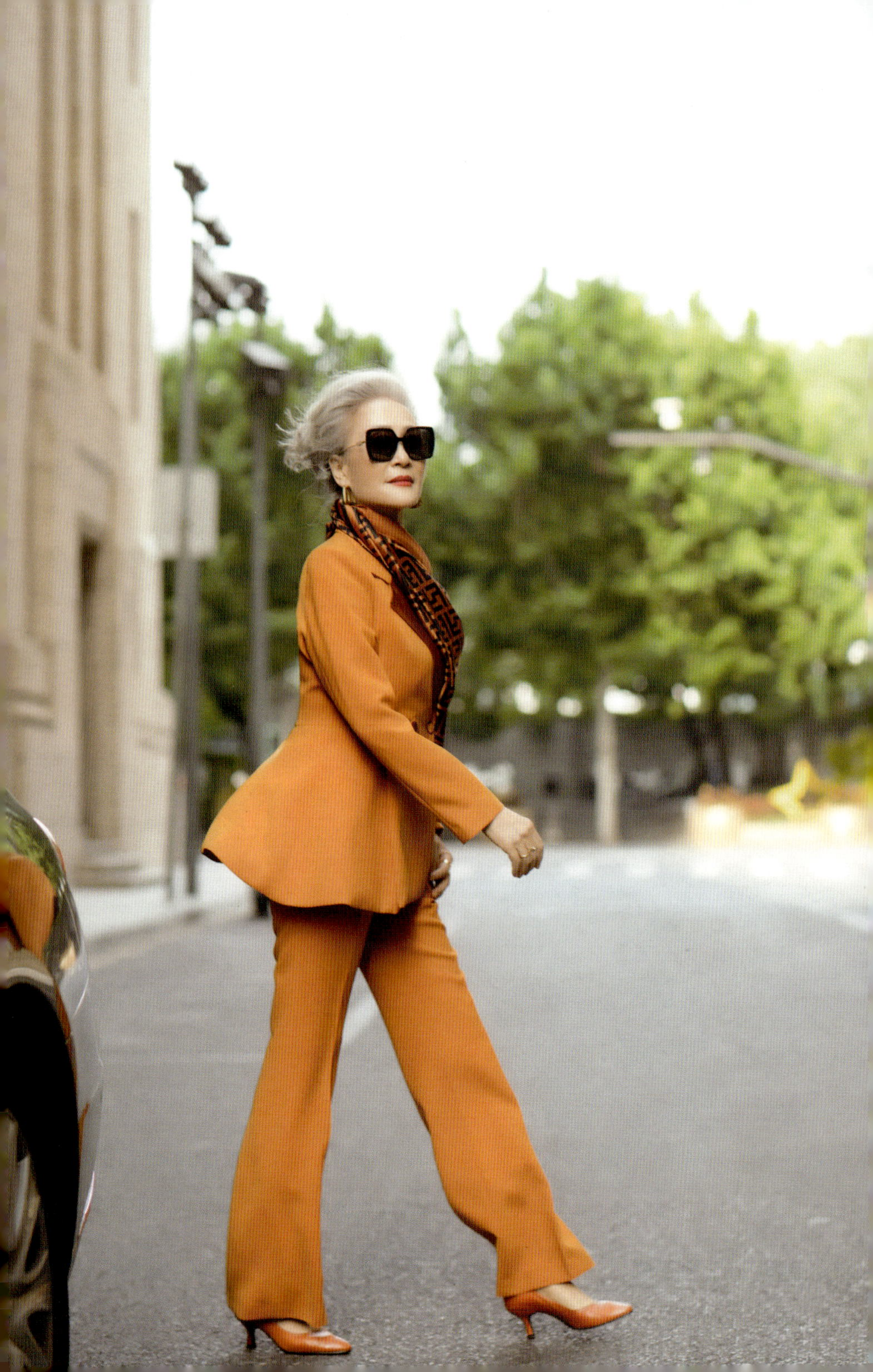

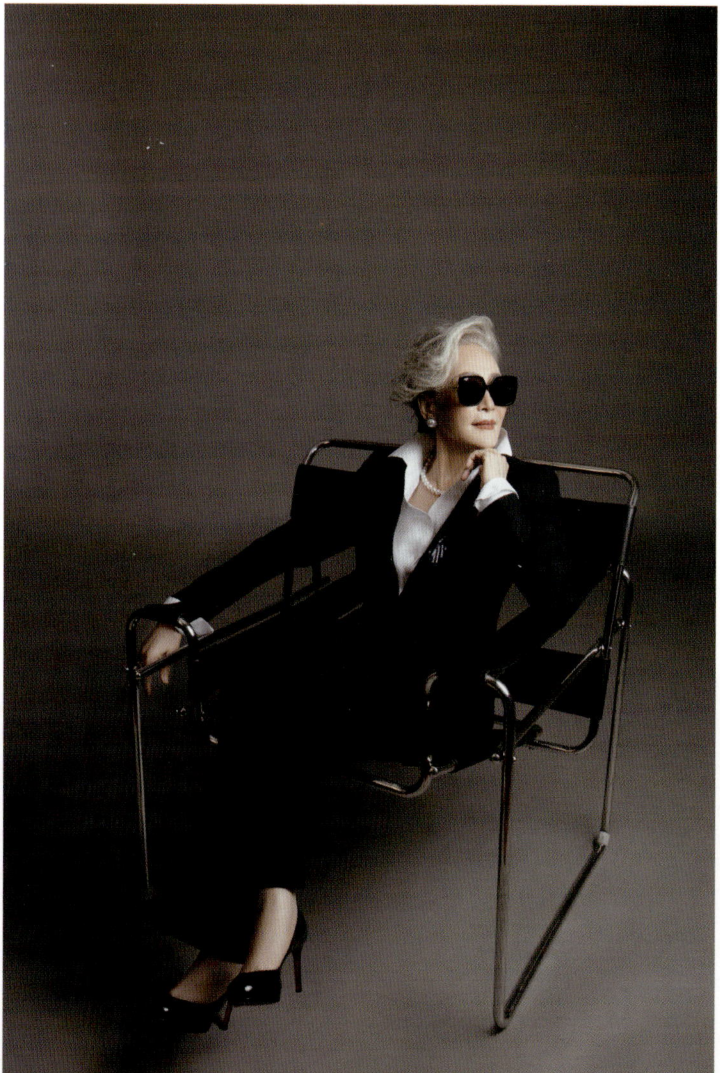

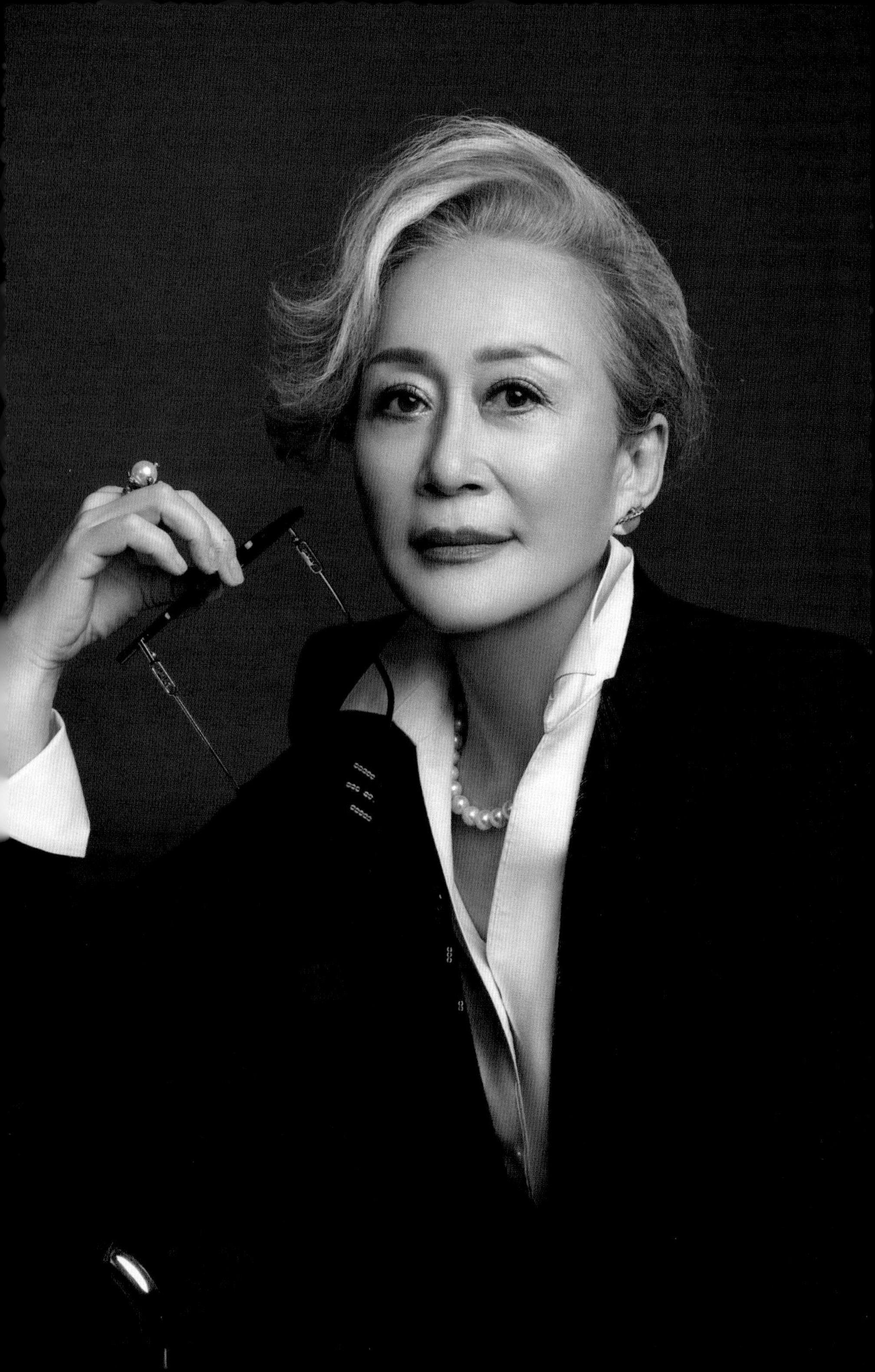

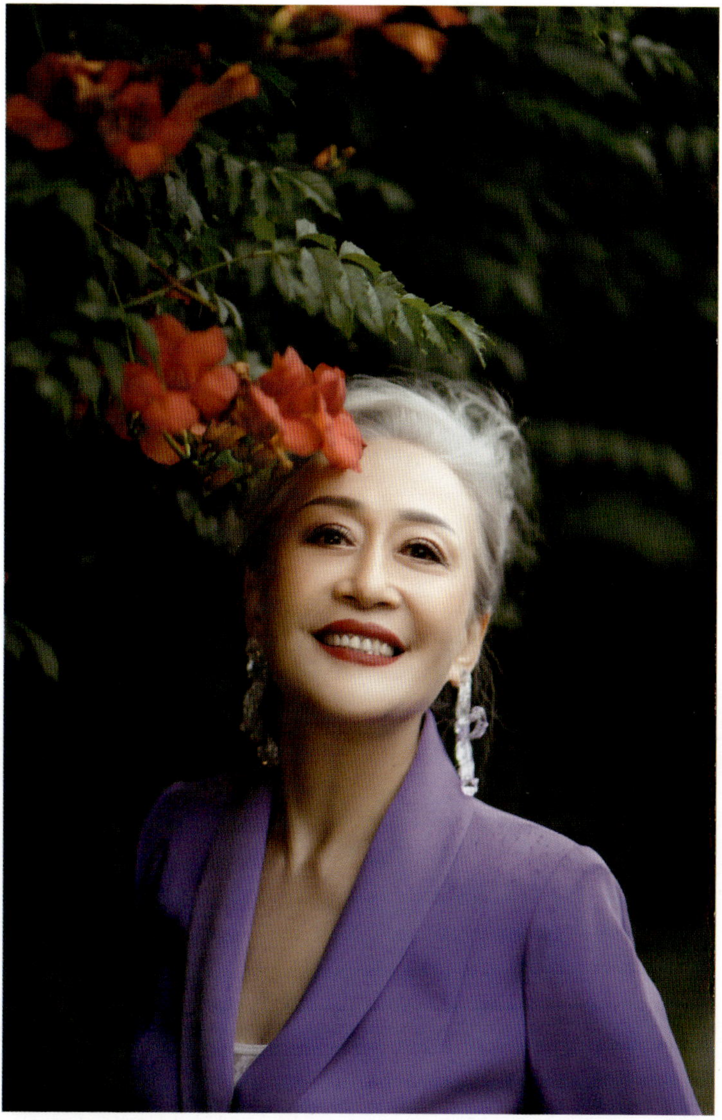

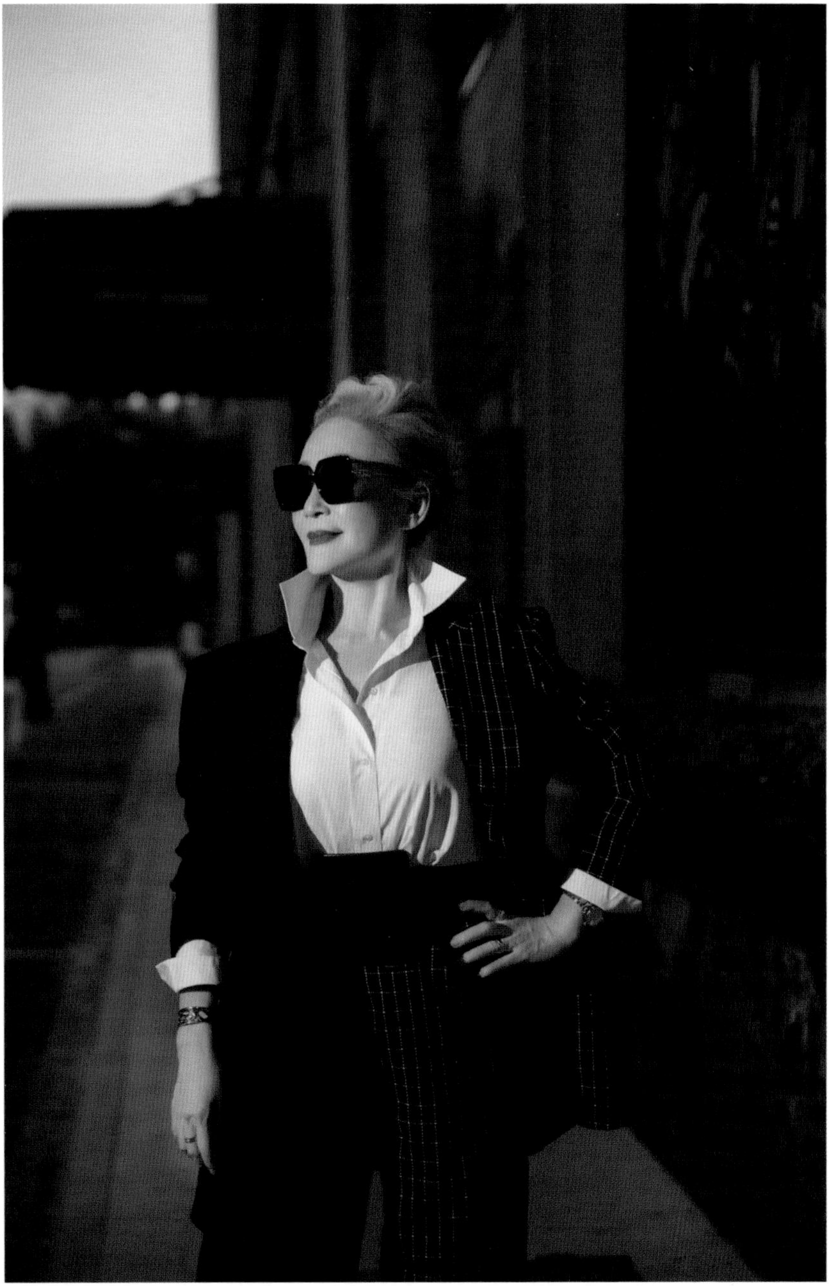

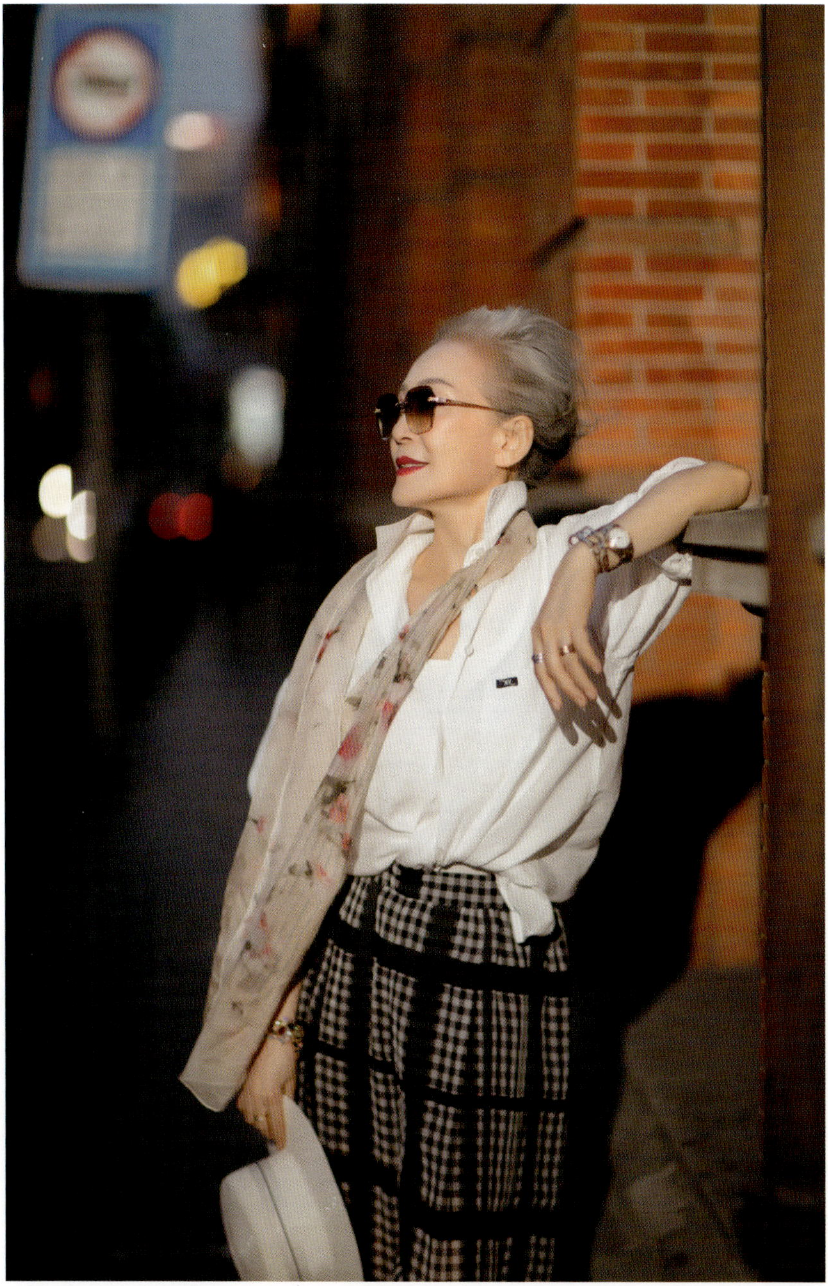

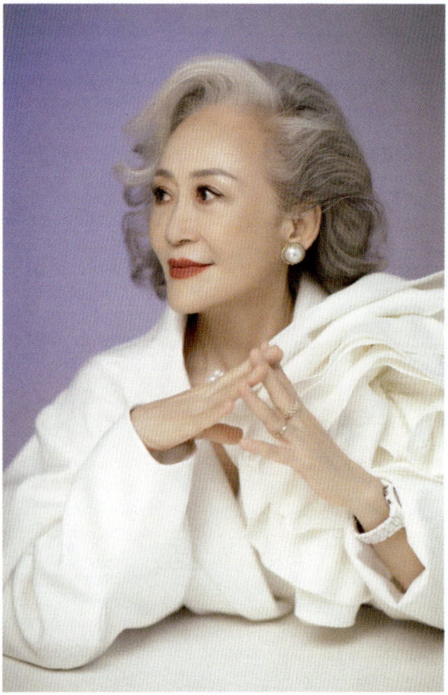

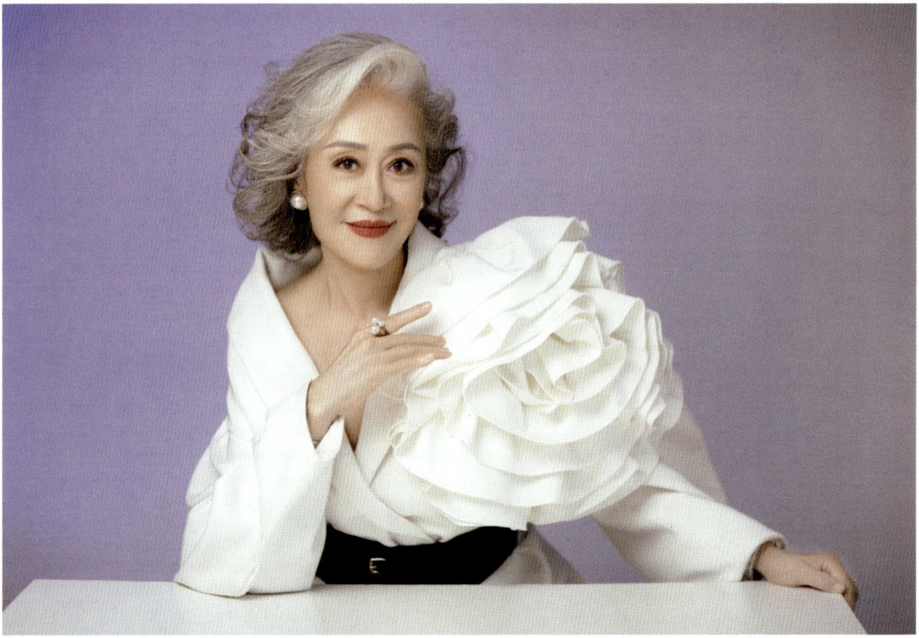

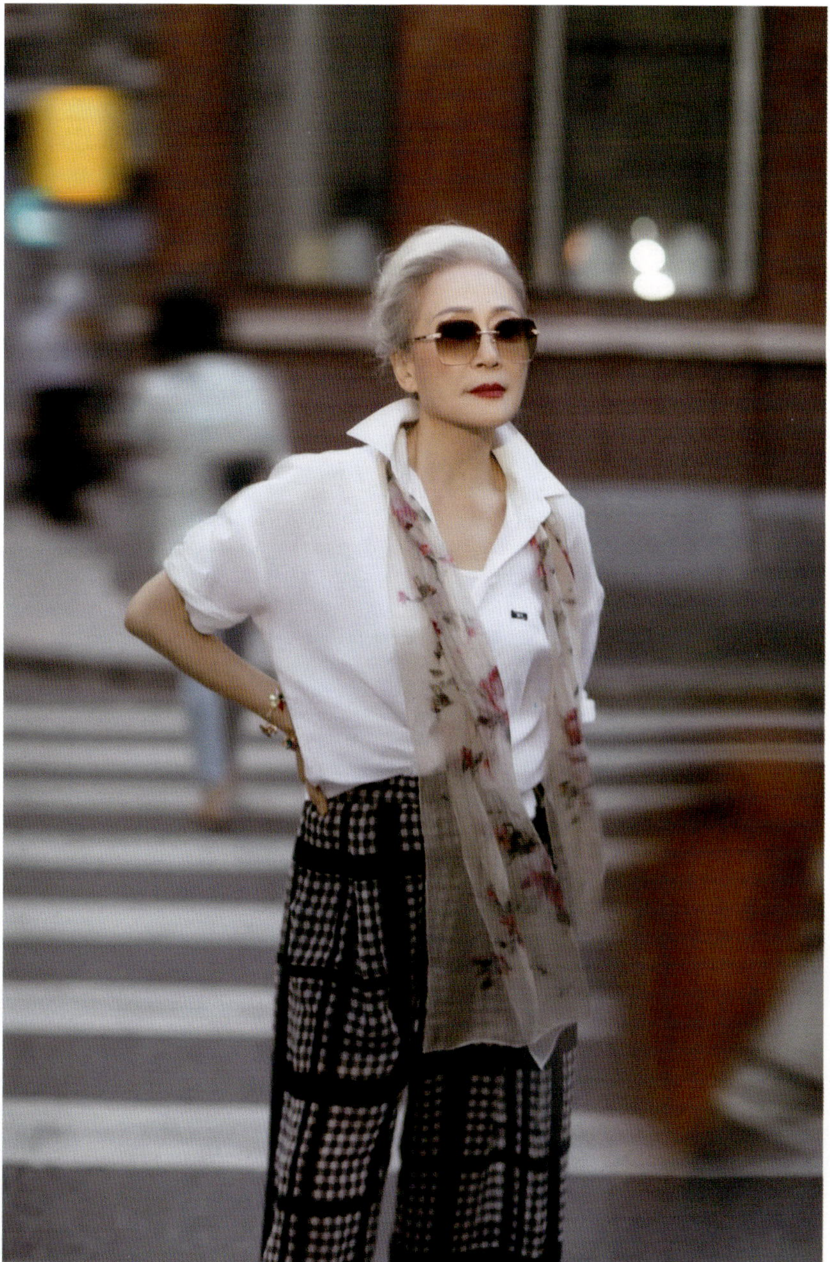